L'accompagnement visant l'intégration des personnes réfugiées faiblement scolarisées :

une perspective interculturelle en orientation

Coordination

Marcelline Bengaly

Comité de rédaction

Julie Morissette, *c.o., m.a., doctorante en éducation,*
Université de Sherbrooke

Annie Gourde, *c.o., m.a., doctorante en sciences de l'orientation,*
Université Laval

Liette Goyer, *c.o., Ph.D., professeure titulaire,*
Université Laval

Patricia Dionne, *c.o., Ph.D., professeure agrégée,*
Université de Sherbrooke

Marcelline Bengaly, *Ph.D., professeure titulaire,*
Université Laval

L'accompagnement visant l'intégration des personnes réfugiées faiblement scolarisées :
une perspective interculturelle en orientation © Julie Morissette, c.o., m.a., Annie Gourde, c.o., m.a.,
Liette Goyer, c.o., Ph.D., Patricia Dionne, c.o., Ph.D., Marcelline Bengaly, Ph.D. (2024)

Publié par :
CERIC
Foundation House
2, avenue St. Clair Est, bureau 300
Toronto (Ontario)
M4T 2T5
Site Web : www.ceric.ca
Courriel : admin@ceric.ca

ISBN
Livre à couverture souple : 978-1-988066-79-0
Version électronique en format PDF : 978-1-988066-80-6
Livre électronique : 978-1-988066-28-8

Conception et mise en page : Lindsay Maclachlan

Image de couverture : Ivana Elverdin

Remerciements

À l'équipe de l'organisme partenaire pour sa précieuse collaboration et sa contribution aux réflexion ayant mené à l'élaboration de cet ouvrage.

À la direction de l'organisme partenaire pour son ouverture et son soutien.

Aux personnes réfugiées qui ont généreusement accepté de nous rencontrer lors des entretiens.

Au CERIC pour le financement du projet.

Aux personnes qui ont fait une lecture commentée du guide :

- Joannie Laberge, conseillère d'orientation
- Yolaine Carver, conseillère d'orientation
- Lynne Rochon, coordonnatrice et intervenante auprès des personnes immigrantes
- Josée Lapointe, enseignante en ISP
- Julie Gallant, enseignante en ISP
- Pascale Corbeil, enseignante en ISP

Table des matières

Liste des tableaux

Préambule

Accompagner les personnes immigrantes - particulièrement celles réfugiées - dans leur orientation et leur intégration sociale et professionnelle constitue un engagement non seulement professionnel, mais aussi éthique et politique. Ces personnes ont besoin de soutien pour développer un projet d'intégration sociale et professionnelle (ISP) qui réponde à leurs valeurs et à leurs besoins, et qui leur assurera des conditions de vie décentes. En ce sens, il parait important que les personnes conseillères soit en mesure d'intervenir en respectant les différentes interculturelles et qu'elles puissent agir sur les conditions du milieu pour créer des passerelles ou des dispositions facilitantes, notamment avec les entreprises et les instances politiques, pour que ces projets puissent se réaliser. Une telle perspective comporte des implications éthiques et d'équité, et invite à requestionner l'importance qu'accorde le personnel accompagnant à l'autonomie sociale et professionnelle. Il semble en effet se poser des enjeux d'advocacie de deux ordres pour ce personnel :

- Des enjeux d'advocacie sociale devant les barrières extérieures ou institutionnelles qui entravent le bien-être des personnes desservies ;
- Des enjeux d'advocacie professionnelle face à une barrière extérieure ou institutionnelle qui freine une offre de service professionnel de qualité aux personnes desservies (Supeno et al., 2023).

Cela suppose comme le souligne Michaud et al. (2012), de *marcher avec* les personnes réfugiées de manière solidaire afin de faciliter leur intégration durable dans la société d'accueil. En visant le développement du pouvoir d'agir (Le Bossé, 2016) et en mobilisant des stratégies d'advocacie (Supeno et al., 2020), des actions peuvent être menées avec et au nom de ces personnes. L'advocacie est considérée comme une ressource pertinente pour soutenir les populations exposées à des situations d'inégalités sociales (Arthur, 2014; Arthur et Collins, 2014).

Notre intention avec ce guide vise non seulement à susciter une meilleure compréhension des défis de l'accompagnement, mais aussi à promouvoir plus de justice et de respect de certains principes culturels afin de renforcer le « caractère capacitant » (Robertson et Picard, 2021) des dispositifs en place. L'enjeu demeure de taille en ce qui concerne les personnes réfugiées faiblement scolarisées, dont la situation s'avère particulièrement complexe. En plus d'avoir vécu une immigration forcée, ces personnes font face à d'énormes défis socioculturels et de santé, auxquels s'ajoute la problématique de la scolarisation. Les accompagner implique pour la personne conseillère une immersion dans leur monde, dans leur culture d'avant les bouleversements, dans leur tragédie, dans leur histoire migratoire et dans les réalités douloureuses de la vie dans les camps de réfugiés. Visionner des documentaires sur la vie dans ces camps[1] peut par exemple se révéler très pertinent. Également, pour tout le personnel d'accompagnement qui intervient auprès des personnes réfugiées (que ce soit en individuel ou en groupe), un travail de fond sur ses propres biais culturels (conscients ou inconscients) est indispensable. C'est à cette condition qu'il sera

---

1   Ces vidéos et articles démontrent, entre autres, les conditions de vie dans les camps de personnes réfugiées et les obstacles lors des placements de celles-ci. **https://www.medecinssansfrontieres.ca/content/r%C3%A9fugi%C3%A9s-d%C3%A9plac%C3%A9s-et-personnes-en-d%C3%A9placement**

possible de privilégier la co-construction de sens, le respect effectif de la culture de ces personnes, de leurs valeurs et du potentiel dont elles disposent.

À qui s'adresse cet ouvrage ?

Cet ouvrage s'adresse à toute personne dont l'activité professionnelle consiste à accompagner les personnes immigrantes réfugiées et faiblement scolarisées dans leur intégration sociale et profession-nelle. Il a été conçu particulièrement à l'intention des personnes conseillères d'orientation ou en emploi (personne conseillère)[2], notamment celles et ceux œuvrant dans les centres d'éducation des adultes ou dans les organismes d'aide à l'emploi. Le corps professoral et enseignant ainsi que les personnes inscrites dans divers programmes de formation en relation d'aide bénéficieront aussi sans aucun doute des apports théoriques et pratiques du présent ouvrage.

---

2   Tout au long du guide, l'appellation « personne conseillère » sera utilisée pour désigner toutes ces personnes.

Introduction

Mise en contexte du guide

Le présent ouvrage traite de l'accompagnement des personnes réfugiées faiblement scolarisées dans leur intégration sociale et professionnelle. Bien que certains aspects de son contenu pourraient s'appliquer aux réalités d'autres catégories de personnes immigrantes ayant un niveau de scolarisation similaire, la centration première de l'ouvrage demeure la spécificité et la complexité de la situation des personnes réfugiées faiblement scolarisées. L'analyse de cette situation nécessite une mise en contexte relative à l'immigration.

Selon certains écrits, « le Canada est le pays du monde qui accueille le plus de personnes immigrantes » (May, 2022, p. 198). Les données du recensement de la population de 2021 (Statistique Canada, 2021)[3] montrent que 1 328 240 personnes immigrantes sont arrivées au Canada entre 2016 et 2021; 16,3 % d'entre elles étaient des personnes réfugiées[4].

La province de Québec en a admis une proportion similaire entre 1982 et 2017, soit « 16 % de l'ensemble des personnes immigrantes admises » (Fleury et Luc, 2022, p. 43). Pour s'adapter et s'intégrer dans leur société d'accueil, les personnes immigrantes en général et réfugiées en particulier doivent réaliser de nombreux nouveaux apprentissages dans plusieurs domaines. Au nombre de ces apprentissages, on peut compter la culture, les spécificités du système scolaire et celles du marché du travail, mais au premier chef, la langue : celle-ci constitue souvent un apprentissage prioritaire tout autant qu'une barrière importante. Entre 2014 et 2018, par exemple, environ 41% des personnes réfugiées accueillies dans la province de Québec n'avaient aucune connaissance du français ni de l'anglais.

Le faible niveau de scolarisation, voire l'absence de scolarisation, peut aussi complexifier les apprentissages et l'adaptation au pays d'accueil, particulièrement dans une société où savoir lire et écrire constitue une exigence de base de la vie quotidienne. Dans ce contexte, les programmes de francisation et d'alpha-francisation[5] - financés par le ministère de l'Éducation en ce qui concerne la province de Québec - prennent toute leur importance et jouent un rôle crucial dans l'intégration sociale et professionnelle d'un nombre non négligeable de personnes réfugiées : le Conseil supérieur de l'éducation (2021) estime que 10 % de celles âgées de 15 ans ou plus « ne détiennent que de 0 à 6 années de scolarité » (p. 20). Ces programmes sont généralement offerts dans les centres d'Éducation des adultes (CEA) et sont basés sur une approche pédagogique qui favorise l'intégration sociale et culturelle. Les personnes réfugiées faiblement scolarisées qui y participent bénéficient également d'un accompagnement de groupe ou individualisé en orientation et en intégration sociale et professionnelle (ISP).

---

3   https://www12.statcan.gc.ca/census-recensement/2021/as-sa/fogs-spg/page.cfm?topic=9&lang=F&dguid= 2021A000011124, consulté le 13 janvier 2023

4   Dans les trois autres catégories se trouvent 60,5 % de personnes de la catégorie économique, 20,2 % de personnes parrainées par la famille et 2,9 % de personnes immigrantes ayant été accueillies pour d'autres raisons.

5   https://cdeacf.ca/dossier/alpha-francisation

Le projet de recherche à l'origine de l'ouvrage

Cet ouvrage émerge d'un projet de recherche réalisé entre 2019 et 2022 et dont l'objectif était l'amélioration de la prestation des services en orientation offerts aux personnes immigrantes. Dans le cadre de ce projet financé par le CERIC, l'équipe de recherche dirigée par Marcelline Bengaly, chercheure au CRIEVAT, a été interpelée sur des questionnements spécifiques à la situation des personnes réfugiées faiblement scolarisées.

Les défis liés à l'accompagnement de personnes réfugiées faiblement scolarisées sont à rattacher à la complexité de leur parcours migratoire. Sur la base de démarches spécifiques, le statut de réfugié est accordé au Canada à des « personnes contraintes de quitter leur pays d'origine à cause d'importantes violations de leurs droits humains » (Conseil canadien pour les réfugiés, 2023[6]). Ce statut leur donne droit à certaines prestations dont celles pouvant favoriser leur intégration sociale et professionnelle. Cependant, le personnel en charge de leur accompagnement en orientation se trouve souvent démuni, car la majorité des études réalisées dans ce domaine l'ont été auprès de personnes immigrantes qualifiées. Il en va de même pour les écrits scientifiques et professionnels, qui documentent peu les défis rencontrés par les personnes réfugiées faiblement scolarisées. Ce constat permet de présumer d'une certaine zone aveugle dans la formation des personnes conseillères : comment, dans les faits, sont-elles préparées pour faire face aux défis spécifiques que comporte la pratique de la relation d'aide, tant en groupe qu'en individuel, auprès d'une telle clientèle ?

La prise en charge de ce questionnement par l'équipe de recherche a d'abord consisté en une analyse approfondie des besoins. Des entretiens ont été menés et des séances de travail organisées avec des professionnelles. Ces dernières ont mené une réflexion sur les problématiques auxquelles elles sont régulièrement confrontées dans l'exercice de leurs fonctions. Partant des points saillants du document de synthèse rédigé par ces professionnelles, une équipe de spécialistes a été constituée pour l'élaboration de cet ouvrage en guise de réponse aux besoins soulevés et à la nécessité d'adaptation de certaines pratiques. Il semblait en effet utile de fournir un outil permettant d'accompagner les personnes réfugiées faiblement scolarisées de manière à prendre davantage en considération les enjeux spécifiques à leur situation ainsi que les défis inhérents à ces enjeux.

L'équipe de recherche a établi l'objectif général suivant :

- Mieux comprendre les spécificités de l'accompagnement en orientation et en intégration sociale et professionnelle des personnes immigrantes faiblement scolarisées de la catégorie réfugiées, et proposer quelques pistes de réflexion et d'action.

---

6   Pour plus d'information : https://ccrweb.ca/fr/information-base-sur-refugies

Cet objectif général se déclinait en trois objectifs spécifiques :

1. Brosser un portrait des défis auxquels les personnes réfugiées faiblement scolarisées sont confrontées dans leur intégration sociale et professionnelle.
2. Présenter une perspective interculturelle pour l'accompagnement en orientation et en intégration sociale et professionnelle de ces personnes.
3. Proposer un processus d'orientation qui s'inscrit dans une perspective interculturelle.

Ces objectifs sont au cœur de l'organisation de la présente publication. La première partie est consacrée aux différents défis rencontrés par les personnes réfugiées faiblement scolarisées. L'appropriation des pistes d'intervention suggérées sera facilitée par la lecture de la deuxième partie, où sont présentés les repères théoriques relatifs aux concepts de différences culturelles. La troisième partie propose des pistes d'intervention interculturelle et la quatrième partie décrit de manière détaillée un processus d'orientation s'inscrivant dans cette perspective.

Première Partie

Comprendre les défis et y répondre

Sept défis rencontrés par les personnes réfugiées faiblement scolarisées

Pour la plupart des personnes immigrantes, une première préoccupation d'importance réside dans la stabilisation des conditions de vie dans le pays d'accueil : situation financière, vie professionnelle, langue, santé, conciliation emploi et famille, logement, relations sociales, accès aux services gouvernementaux, etc. En ce qui concerne les personnes réfugiées faiblement scolarisées, la situation est néanmoins encore plus complexe. Elles rencontrent non seulement les mêmes défis que les autres personnes immigrantes, mais certaines d'entre elles semblent vivre des difficultés particulières dues à la singularité de leur parcours migratoire, lequel est souvent marqué par des conflits armés, de l'insécurité et de la violence (Joly, 2019; Richard et Bombardier, 2020; L'Agence des Nations Unies pour les réfugiés, 2023). Le faible niveau ou l'absence de scolarisation ajoute également à la complexité de chacun des défis.

Ces particularités sont soulignées par le personnel des centres de formation qui intervient auprès de ces personnes (Conseil supérieur de l'éducation, 2021). Selon ce personnel, « des approches personnalisées » devraient être mises en œuvre en raison du caractère complexe et multifactoriel des difficultés auxquelles est confrontée cette population :

> problèmes de santé mentale causés par des traumatismes, responsabilités familiales, monoparentalité, problèmes d'adaptation au Québec, difficulté ou trouble d'apprentissage et de comportement, santé fragile, etc. D'ailleurs, pour plusieurs, l'apprentissage ne s'amorce réellement qu'après plusieurs mois d'adaptation. (p. 82)

Quelques caractéristiques de cette situation particulière sont présentées ci-après, en fonction des multiples défis que rencontrent les personnes réfugiées faiblement scolarisées. Ceux-ci ont été regroupés autour de sept thèmes majeurs :

1. la scolarisation et le développement des compétences langagières;
2. la santé physique et mentale;
3. la précarité et le sentiment d'urgence;
4. l'apprentissage des codes de la société d'accueil;
5. la communication et la compréhension de l'information;
6. la pré-employabilité et le monde du travail;
7. la connaissance des ressources gouvernementales et communautaires et des modalités d'accès à celles-ci.

Pour chacun des thèmes, les défis potentiellement vécus par les personnes réfugiées faiblement scolarisées sont explicités. Ils sont suivis de pistes d'action et de ressources identifiées dans des publications reconnues par la recherche, dans l'optique d'outiller au mieux les personnes conseillères susceptibles d'accompagner la clientèle cible.

1
La scolarisation et les compétences langagières

1.1   Principaux défis

- *Apprendre les fondements de l'écriture et de la lecture dans une nouvelle langue*

Une proportion importante de personnes réfugiées n'a pas une maitrise fonctionnelle de la lecture et de l'écriture dans leur langue maternelle, ce qui peut rendre difficile l'apprentissage d'une nouvelle langue selon Dubé (2014) et Seufert (1999). Arsenault (2021) abonde dans le même sens en soulignant qu'un faible niveau de scolarisation chez ces personnes peut avoir un impact considérable sur « les difficultés reliées à l'acquisition de la langue d'usage, ce qui se répercute sur l'intégration en emploi, sur l'accès aux soins de santé et sur le développement d'un réseau social avec la population de la société d'accueil » (p. 5). De plus, ce processus d'apprentissage se fait dans un système (le système scolaire) aux règles de fonctionnement dont les personnes réfugiées n'ont aucune connaissance. Elles peuvent alors éprouver des difficultés à comprendre les demandes et les obligations et, de facto, avoir du mal à y répondre (Bimrose et McNair, 2011 ; Gibbons et al., 2019; Seufert, 1999). Le personnel enseignant est donc souvent amené à faire preuve de créativité pour adapter sa pédagogie (Seufert, 1999).

La langue française constitue aussi un énorme défi pour plusieurs personnes allophones dont la langue maternelle est très éloignée (p. ex. le perse, l'hindi, le cambodgien, etc., qui n'ont pas le même alphabet et présentent des sons différents). Pour les personnes réfugiées faiblement scolarisées de certaines régions du monde en particulier, les difficultés d'apprentissage de cette langue se cumulent à celles de leur faible niveau de littératie et aux autres défis liés à leur parcours migratoire (Laberge, 2020).

Il faut ajouter à ces difficultés le registre de français familier parlé au quotidien dans le contexte québécois, qui ne correspond pas toujours au registre plus standard appris dans les cours de francisation ou dans d'autres pays (Conseil supérieur de l'éducation, 2021). Cela peut engendrer des problèmes de communication dans les milieux de travail et dans les activités quotidiennes. Ces difficultés d'apprentissage du français peuvent aussi induire « des sentiments de gêne, de peur » (Dubé, 2014, p. 79) et surtout, un manque de confiance en soi.

- *S'exprimer et s'intégrer dans la société d'accueil*

En parallèle au défi que représente l'appropriation de la langue, les personnes réfugiées faiblement scolarisées doivent entreprendre une multitude d'actions pour leur intégration sociale et professionnelle : effectuer des démarches administratives, prendre des rendez-vous et s'y rendre, gérer des priorités, etc. Toutes ces actions nécessitent non seulement des compétences langagières en français (à l'écrit et à l'oral), mais aussi l'apprentissage de plusieurs nouveaux repères pour s'orienter dans la société d'accueil. À cela s'ajoute le fait que certaines personnes réfugiées peuvent éprouver des difficultés à exprimer leurs besoins individuels, contrairement à ce qui est généralement attendu dans la société d'accueil québécoise. Entre autres pour celles issues de cultures collectivistes, les choix se font davantage en fonction des besoins de la communauté et de la famille. Le fait de se positionner, de partager leurs besoins personnels peut constituer un défi. La combinaison de ces facteurs ralentit donc leur rythme d'apprentissage et d'exécution de certaines tâches, d'où l'importance de soutenir – par un accompagnement adapté – le développement de leur capacité à opérer ces changements. Elles devraient ainsi arriver plus facilement à gérer leur quotidien selon les exigences de la société d'accueil.

- *Concilier les responsabilités familiales aux exigences scolaires*

Le manque de ressources pour faciliter la conciliation entre l'offre de francisation et les réalités familiales et professionnelles constitue un des freins à l'apprentissage du français (Prévost, 2021) pour les personnes réfugiées faiblement scolarisées. Plusieurs de ces personnes peuvent éprouver des difficultés à trouver un équilibre entre leurs responsabilités familiales souvent très lourdes (problèmes de garderie, problématiques de santé, etc.) et les exigences des cours de francisation (Conseil supérieur de l'éducation, 2021; Seufert, 1999) : elles manquent de temps et d'énergie et sont peu disponibles mentalement pour diverses raisons (anxiété, dépression, démotivation, etc.).

- *Dépasser certaines limites personnelles pour apprendre*

Au nombre des facteurs pouvant influencer la scolarisation des personnes réfugiées dans la société d'accueil, le Conseil supérieur de l'éducation (2021) relève plusieurs éléments, dont l'âge, qui peut par exemple exercer une influence sur la perception de soi et de ses capacités à apprendre. Les personnes réfugiées faiblement scolarisées peuvent également vivre avec un ou des handicaps, des difficultés ou des troubles de l'apprentissage.

> La disposition à apprendre dépend aussi de l'état d'esprit de l'apprenant potentiel : stress, santé mentale et physique, choc culturel ou post-traumatique sont autant d'éléments qui ne permettent pas de s'engager pleinement dans l'apprentissage d'une nouvelle langue (Conseil supérieur de l'éducation, 2021, p. 77)

Au final, l'apprentissage d'une langue et la fréquentation assidue à des cours n'est donc pas qu'une question de « motivation ».

1.2 Pistes d'action et ressources potentielles pour l'intervention

Un tableau synthèse est ci-dessous proposé à partir de 1) l'analyse de certains écrits (ex. Conseil supérieur de l'éducation, 2021; Prévost, 2021; RQuODE, 2016; Udayar et al., 2020) et de 2) l'analyse d'expériences vécues par du personnel intervenant auprès de personnes réfugiées faiblement scolarisées. On trouve dans ce tableau un rappel des défis souvent rencontrés par ces dernières (première colonne). Par la suite, pour les personnes conseillères, des pistes d'action à mettre en place sont suggérées pour soutenir les personnes réfugiées faiblement scolarisées face à ces défis (deuxième colonne); ces pistes sont accompagnées d'une liste de ressources collaboratives ou environnementales qu'il est possible de mobiliser (troisième colonne).

Tableau 1. Synthèse des défis, des pistes d'action et des ressources pour l'intervention en lien avec la scolarisation et les compétences langagières

La scolarisation et les compétences langagières		
Défis	**Piste d'action pour la personne conseillère**	**Ressources collaboratives**
Apprendre les fondements de l'écriture et de la lecture dans une nouvelle langue	• Saisir les occasions, dans l'intervention, d'expliquer l'importance de s'exercer à la lecture (ex : lire les affiches, la boite de céréales, etc.) et de parler français dans différents contextes. • Inviter à saisir les différentes occasions d'écrire et en proposer lors des rencontres : rédiger une liste d'épicerie, des salutations, un mot dans la boite à lunch des enfants, etc. • Proposer une implication dans des activités communautaires. • Aider la personne réfugiée à se montrer indulgente avec elle-même quant au temps et aux éventuelles erreurs. • Encourager la personne à persévérer dans ses apprentissages. • Comme la personne réfugiée peut éviter de parler pour se protéger, vérifier si c'est le cas et échanger sur ce dont elle a besoin pour se sentir en sécurité. • Créer un environnement où les personnes réfugiées peuvent pratiquer régulièrement le français. • Proposer de regarder des émissions de télévision et des séries web en français, particulièrement des séries québécoises, et écouter la radio et des balados en français. • Favoriser les activités orales pour poursuivre l'acquisition du français. Pour l'écrit, utiliser du matériel simple, imagé et concret lors de l'exploration des secteurs d'activités professionnelles. • Privilégier du matériel authentique (réels horaires de bus, réelle émission de radio, réels menus de restaurant, réels formulaires d'embauche, etc.).	• Cours de francisation • Centre d'aide aux familles immigrantes • Bureaux de Services Québec • Service Canada • Organisme Littératie ensemble • Organismes communautaires • Réseau social de la personne conseillère et de la personne réfugiée • Personnes enseignantes et intervenantes

Synthèse des défis, des pistes d'action et des ressources pour l'intervention en lien avec la scolarisation et les compétences langagières

La scolarisation et les compétences langagières		
Défis	**Piste d'action pour la personne conseillère**	**Ressources collaboratives**
S'exprimer et s'intégrer dans la société d'accueil	• Utiliser des activités expérientielles comme la photo et le collage pour aider la personne réfugiée à identifier ce qui est important pour elle, ses besoins et ceux de sa communauté et les défis rencontrés dans la société d'accueil (Rey et al., 2019). • Soutenir les personnes réfugiées dans l'ensemble des démarches qu'elles doivent faire pour s'intégrer dans la société d'accueil ; les référer au besoin. • Inviter une personne ayant réussi son intégration et lui demander de raconter son histoire (storytelling). • Inviter une personne à parler des défis qu'elle a rencontrés dans son intégration ou inviter le groupe à parler des incidents critiques vécus et à formuler des pistes d'action ensemble, lorsque possible. • Faire des liens avec les apprentissages sur les codes culturels dans le programme de francisation.	• Groupe de francisation • Organismes communautaires • Agents ou agentes en milieu interculturel et les bénévoles • Personnes réfugiées ayant réussi leur intégration • Cellulaire pour la prise de photos • Plusieurs références existent sur l'histoire orale (storytelling) (Oral History Association, 2009; Shanouda et Yoshida, 2012)
Concilier les responsabilités familiales aux exigences scolaires	• Encourager la personne réfugiée à parler le français à la maison en réservant un temps d'échange en famille (par exemple, de 18 h à 19 h et une demi-journée la fin de semaine. • Parler des stratégies d'organisation, de partage des tâches dans le couple.	• Enfants, partenaire de vie • Amies et amis de la famille • Organismes communautaires
Dépasser certaines limites personnelles pour apprendre	• Encourager la personne à sortir de son sentiment d'impuissance en identifiant des actions possibles pour qu'elle puisse se mettre en mouvement, peu importe le mouvement (pourvu que celui-ci ait du sens pour la personne). • Écouter les peurs et aider à traverser les deuils.	• Personnel enseignant en alpha-francisation • Personnes intervenantes • Organismes communautaires

2
La communication et
la compréhension de l'information

2.1   Principaux défis

- *S'intégrer dans une société sans en comprendre les codes linguistiques*

Agir et s'orienter dans un nouvel environnement sans en comprendre totalement les codes linguistiques est un énorme défi, que ce soit en matière de communication ou d'accès à l'information (Roesti, 2019). Le fait d'éprouver de grandes difficultés à communiquer, à lire ou à écrire peut rendre les personnes réfugiées faiblement scolarisées particulièrement vulnérables dans plusieurs situations

> que ce soit avec les enseignants de leurs enfants, avec les propriétaires de leur logement, avec des commerçants, avec les instances administratives et gouvernementales ou au moment de se présenter aux urgences dans le milieu hospitalier. De plus, leur rythme d'alphabétisation et d'apprentissage du français est très variable et peut être parfois très lent. (Arsenault, 2020, p. 25).

Ces difficultés peuvent également affecter les relations avec les autres : les personnes qui n'arrivent pas à communiquer de manière satisfaisante manifestent par moments des signes d'impatience ou peuvent être irritées lorsqu'elles ne comprennent pas, que ce soit des situations formelles ou informelles comme « discuter avec le propriétaire de l'immeuble que l'on habite, contacter Hydro-Québec ou Bell, parler au téléphone et discuter avec des Québécois » (Dubé, 2014, p. 75). Le fait de ne pas comprendre la langue constitue par conséquent un frein majeur dans plusieurs sphères de la vie de ces personnes.

- *Accéder à l'information dans un système de plus en plus numérique*

La communication, qu'elle soit en personne ou au moyen des technologies de l'information et des communications (TIC), représente un défi important pour les personnes réfugiées faiblement scolarisées (Robert, 2021). Que ce soit pour obtenir des informations sur le monde scolaire ou sur le marché du travail (IMT), trouver un logement, effectuer différentes démarches auprès des instances gouvernementales, ou même pour apprendre la langue, ces moyens sont désormais incontournables. Chaque situation du quotidien devient ainsi un combat pour ces personnes, ce qui contribue à complexifier leur expérience (Beaulieu, 2019). Le fait de ne pas savoir utiliser un ordinateur ou naviguer sur Internet peut réduire considérablement leur « espace des possibles » (Sen, 2010). De plus, vivant dans des conditions financières précaires, ces personnes ne sont pas toujours en mesure de s'offrir des services d'accès à Internet. Elles deviennent alors dépendantes de ceux offerts gratuitement, mais pas n'importe quand, dans certains lieux publics (Robert, 2021).

2.2   Pistes d'action et ressources potentielles pour l'intervention

Le tableau qui suit s'appuie sur une analyse d'expériences de personnes qui interviennent auprès de cette population, mais rapporte également les recommandations et les propositions émanant de certains écrits (Conseil supérieur de l'éducation, 2021; Dionne et al., 2022a; RQuODE, 2016).

Tableau 2. Synthèse des défis, des pistes d'action et des ressources pour l'intervention en lien avec la communication et la compréhension de l'information

La communication et la compréhension de l'information		
Défis	**Pistes d'action pour la personne conseillère**	**Ressources collaboratives**
S'intégrer dans une société sans en comprendre les codes linguistiques	• Poser des questions ouvertes afin de développer le vocabulaire spécifique à la situation discutée et demander régulièrement de reformuler afin de s'assurer de la compréhension des informations transmises. • Reformuler son propos. Il n'est pas suggéré de répéter plusieurs fois ni de parler plus fort : la personne a entendu, mais c'est sa compréhension qui est affectée. • Proposer différentes activités d'exploration du marché du travail et des métiers/professions. • Organiser une activité où il est demandé d'identifier les emplois présentés dans un film. • Organiser des journées thématiques; d'exploration professionnelle dans la région. • Organiser des visites d'entreprises de la région ou des stages en entreprise. • Expliquer les systèmes d'actions dans la communication orale, écrite et non verbale pour que la personne réfugiée comprenne le sens des attendus culturels, souvent non-dits : la façon de contacter les personnes, les formules de politesse en usage, la façon de laisser un message sur une boite vocale, etc. • Effectuer des simulations d'entrevues, particulièrement en posant les questions les plus fréquentes.	• Jeu de mémoire sur les métiers • Vidéos sur les métiers et les professions • Entreprises de la région • Personnes conseillères en emploi • Services Québec • Service Canada • Cours d'initiation à l'informatique de base offerte par certains organismes communautaires

Synthèse des défis, des pistes d'action et des ressources pour l'intervention en lien avec la communication et la compréhension de l'information

La communication et la compréhension de l'information		
Défis	**Pistes d'action pour la personne conseillère**	**Ressources collaboratives**
Accéder à l'information dans un système de plus en plus informatisé	• Prévoir des ateliers d'informatique pour initier la personne aux outils numériques, entre autres le courriel, Internet, la recherche d'emploi, les applications GPS comme GoogleMap, la boite vocale, etc. • Encourager l'apprentissage dans des occasions variées en s'appuyant sur l'utilisation du téléphone intelligent, déjà utilisé au quotidien. Ne pas hésiter à y faire référence durant l'exploration et la démarche d'orientation. • Faire connaitre la fonction « lecture à voix haute » sur les appareils utilisés et des applications de lecture immersive pour les cellulaires afin d'aider à la compréhension et d'améliorer la prononciation de certains sons. • Offrir un accompagnement soutenu à l'exploration du marché du travail, des formations et des emplois.	• Applications de lecture immersive • Personnes conseillères en emploi • Organismes d'aide à l'emploi • Personnes enseignantes en francisation • Services Québec

3
La santé physique et mentale

3.1 Principaux défis

Avant l'arrivée au Canada, plusieurs personnes réfugiées ont subi des situations traumatiques, que celles-ci soient liées aux évènements à l'origine de leur départ forcé ou survenues pendant leur parcours migratoire. Elles ont en effet souvent été victimes d'au moins un « évènement terrible », voire plusieurs : torture, violence, génocide, agression physique ou sexuelle, catastrophe naturelle, guerre, exécution ou meurtre de proches, dislocation familiale, etc. Il est donc essentiel pour les personnes qui les accompagnent dans leur intégration sociale et professionnelle d'avoir une certaine compréhension des traumatismes et des impacts de ces derniers sur le processus d'intégration.

Le traumatisme est une réaction physiologique, affective et cognitive à une situation de stress majeure ou une exposition répétée au stress sur une longue période. Selon l'*American Psychological Association* (2022) :

> Le traumatisme est une réponse émotionnelle à un évènement terrible tel qu'un accident, un viol ou un désastre naturel. Immédiatement après l'évènement, les réactions typiques comprennent l'état de choc et le déni. Les réactions potentielles à long terme peuvent inclurent des flashbacks, des difficultés de régulation émotionnelle, des difficultés relationnelles et divers symptômes physiologiques (nausées, maux de tête, etc.). (paragr. 1)[7]

Bien que cette réponse émotionnelle soit normale face à un évènement traumatique, elle peut causer une altération significative du fonctionnement de la personne et une détresse envahissante qui est susceptible d'affecter le fonctionnement et l'intégration de la personne réfugiée faiblement scolarisée. De l'état traumatique peuvent en effet découler deux principales pathologies : l'état de stress post-traumatique (ESPT) et l'état post-traumatique complexe (EPTC). La principale différence entre les deux tiennent à leur récurrence : l'ESPT résulte généralement d'un seul évènement traumatique majeur, alors que le second est la conséquence d'une succession d'évènements ou la répétition d'un traumatisme selon une certaine durée. Ces deux états occasionnent des dysfonctionnements, car ils affectent les capacités adaptatives de l'organisme (Albaret, 2020). En plus de cela, l'EPTC entraine des altérations au niveau de l'affect, de l'identité et des relations interpersonnelles (Krammer et al., 2016; Van Dijke et al., 2018) en raison de la surcharge dans le système de réponse au stress. Cela déclenche une « série de changements hormonaux qui organisent le cerveau pour faire face à la situation hostile » (Wilkinson, 2003, p. 237). Des réactions disproportionnées (par excès ou par défaut) ou inadéquates peuvent alors survenir (Collin-Vézina, 2016).

---

7   Consulté le 22 août 2023 sur https://www.apa.org/topics/trauma#:~:text=Trauma%20is%20an%20emotional%20response,symptoms%20like%20headaches%20or%20nausea

Les études comparatives à la population générale montrent que les personnes victimes d'un ESPT ou d'un EPTC – dont souffrent plusieurs personnes réfugiées – peuvent aussi présenter certains déficits dans leurs capacités cognitives et langagières (Collin-Vézina, 2016). Elles semblent rencontrer plus de difficultés liées à la mémoire de travail, au contrôle inhibiteur[8], à la flexibilité cognitive, à la planification et à la résolution de problèmes. Ces personnes pourraient par exemple manifester des problèmes d'attention, des difficultés de langage, l'altération de la capacité de traitement de l'information, des difficultés à anticiper les conséquences de ses actions, des problèmes d'insomnie, l'accentuation des traits de personnalité, la diminution de la tolérance à la douleur, l'augmentation de l'anxiété (ex. : crises de panique, peurs envahissantes), la difficulté à gérer ses émotions (colère/impulsivité), l'hypersensibilité aux stimulus de l'environnement (bruits, lumières), la neutralité affective, l'indifférence émotionnelle (manque d'empathie), la dépression, l'irritabilité (nervosité), le désengagement, le désespoir (perte de sens à la vie), la difficulté à se projeter dans l'avenir (Froundfelker et al., 2021 ; Salhi et al., 2020; Scoglio et Salhi, 2021).

Sur le plan identitaire, enfin, les victimes de traumas peuvent développer des difficultés dans leurs modes de rapport aux autres et aux contextes dans lesquels elles évoluent (Kirmayer, 2002). Cela peut se manifester par une représentation de soi comme une « personne constamment sous menace » et, par conséquent, par un développement plus important de mécanismes de protection contre le monde extérieur. Dans ces cas, le fait de se tourner constamment vers l'extérieur et vers les autres pour se protéger peut non seulement rendre ces personnes particulièrement vulnérables au regard d'autrui et aux exigences externes, mais aussi créer un sentiment de vide intérieur (Bigras et al., 2015; Rousseau, 2000). On observe ainsi souvent chez elles un sentiment de confusion, une faible estime de soi, un manque de confiance en elles-mêmes et en leurs propres perceptions ou jugements.

La présence possible de symptômes dissociatifs peut altérer l'identité et les représentations de soi (Van der Kolk, 2015) en voici quelques manifestations :

- Le sentiment d'être en dehors de soi, coupé d'une partie de soi ou encore d'être en mode de pilotage automatique ;
- La confusion dans les pensées et les sentiments ;
- Le sentiment d'être étranger à soi ;
- Le sentiment d'être étranger à son environnement ;
- Le sentiment d'être en dehors du temps ou que le temps ne s'écoule plus de la même façon.

Dans le même sens, des pertes de mémoire, tout comme l'absence ou la mauvaise mémorisation des faits, peuvent générer, chez certaines personnes réfugiées, une grande difficulté à parler ou à demander de l'aide. D'autres auront de la difficulté à raconter leur histoire ou seront mal à l'aise de ne pas être en mesure de répondre à certaines questions (Van der Kolk, 2015).

- *Se reconstruire face à une situation de transitions complexes*

---

8   Le contrôle inhibiteur est un processus cognitif qui permet de résister à la tentation que représentent certains automatismes ou stratégies intuitives et de sélectionner seulement les informations qui sont pertinentes à la réalisation d'une tâche (Houdé, 2014).

La complexité de la situation de transition vécue par les personnes réfugiées est à analyser sous la loupe des situations traumatiques vécues, du parcours et des défis d'intégration rencontrés dans un nouvel environnement. Pour les aider dans ce processus de recherche de solution, il est essentiel de savoir analyser le cours d'une transition afin de mieux comprendre les phénomènes en jeu (Schlossberg et al., 1995 ; Schlossberg, 2005). Dans les faits, ce sont plutôt des transitions – multiples – qui se produisent : une transition écologique, une transition psychosociale et une transition imprévue.

La *transition écologique* est considérée par Bronfenbrenner (1976, 1979, 2004) comme celle où surviennent des changements contextuels obligeant l'individu à entrer dans un processus de remaniement identitaire pour trouver le « bon ajustement réciproque » entre deux contextes : celui quitté et celui qui doit être intégré. La personne est emmenée à revoir son système de valeurs, à se construire de nouveaux répertoires de rôles, de nouveaux modèles d'actions, à restructurer ses représentations de soi de manière à construire des ponts entre ces deux contextes. Pour la personne réfugiée, de tels changements entrainent un bouleversement qui peut se manifester par une certaine dissonance par exemple l'impression d'être étranger dans son environnement.

D'un point de vue *psychosocial*, une transition est beaucoup plus complexe qu'un simple passage d'un contexte à un autre. En effet, la situation que vit la personne réfugiée constitue un changement majeur dans son existence. Sa façon de se représenter son existence[9] à la suite d'un ou des évènements dans son « espace de vie »[10] est chamboulée. Les évènements vécus l'emmènent à « restructurer sa vision du monde » (Guichard et Huteau, 2007, p. 432, inspirés de Parkes, 1971, 1975).

Or, toute transition induit des situations stressantes. Les transitions vécues par les personnes réfugiées faiblement scolarisées peuvent ainsi être abordées du point de vue du stress et des stratégies d'adaptation qu'elles nécessitent, suivant l'approche de Schlossberg (1995, 2005, inspirée de Lazarus et Folkman, 1984). Schlossberg considère comme une transition « tout évènement qui, par sa présence ou son absence affecte de manière notable le quotidien d'un individu : ses relations, ses routines, ses croyances, ses rôles » (Schlossberg, citée par, Guichard et Huteau 2005, p. 50). Parmi les trois types de transitions identifiés par la chercheuse se trouvent les « transitions *imprévues* »; celles-ci sont particulièrement pertinentes à prendre en compte dans l'accompagnement des personnes réfugiées[11].

Dans le cas d'une personne réfugiée, confrontée à des transitions complexes, des changements internes et externes surviennent et créent des déséquilibres. Faire face à cette situation, pour la personne réfugiée, implique la reconstruction de nouveaux cadres de référence, laquelle passe par une restructuration de

9   Les « présomptions sur le monde » renvoient à la façon dont l'individu se représente son existence, toutes ses connaissances et croyances : « ses interprétations du passé, ses attentes relatives au futur, ses projets et ses préjugés. Ces représentations incluent non seulement le modèle du monde tel qu'il est perçu par l'individu, mais aussi des modèles du monde qu'il estime probables, idéaux ou redoutés. » (Guichard et Huteau, 2007, p. 432).

10   « L'espace de vie » désigne l'ensemble des phénomènes qui jouent un rôle dans la vie de l'individu. C'est tout ce qui détermine ses conduites : ses souvenirs du passé, l'environnement dans lequel il évolue, ses interactions avec les autres, sa perception de cet environnement et du monde, etc. C'est « tous les évènements susceptibles de déterminer les comportements de quelqu'un : tout ce qu'il faut connaitre pour rendre compte de sa conduite, dans un contexte donné, à un moment donné » (Guichard et Huteau, 2005, p. 48).

11   Les deux autres types de transition sont 1) les « transitions anticipées », qui font référence à des évènements prévus et programmés et 2) les « transitions par manque d'un évènement », qui se rapportent à un évènement attendu, mais qui ne se produit pas.

soi et une redéfinition du sens de ses choix. Toutefois, ce processus de reconstruction ne se réalise pas de la même façon selon la personne : des transitions en apparence semblables peuvent générer des réponses différentes (Anderson et al., 2012). Ces différences interindividuelles s'expliqueraient par la présence de facteurs facilitants ou contraignants en rapport avec la Situation, le Soi, les Soutiens et les Stratégies (les quatre S)[12].

- *Surmonter des difficultés d'apprentissage en situation de transitions complexes*

En raison des divers traumatismes associés à la complexité de la situation de transitions vécue par les personnes réfugiées, l'intégration à la nouvelle société d'accueil implique l'apprentissage d'un nombre important de nouvelles connaissances, de même que de grandes capacités d'adaptation culturelle pour réaliser les processus de reconstruction de soi et de quête de sens découlant de la situation de transition (Olry-Louis, 2020). Or, cela a été explicité précédemment, les diverses formes de traumatismes vécus peuvent altérer la mémoire des personnes réfugiées, tout comme leur capacité d'attention, de traitement de l'information et de concentration. Cela peut entrainer également des difficultés de langage et de résolution de problèmes et affecter leur capacité à se projeter dans l'avenir (Olry-Louis, 2020).

Les problématiques décrites ci-dessus sont communes à l'ensemble des personnes réfugiées et contribuent à les rendre moins disponibles aux apprentissages (Arsenault, 2020). Par ailleurs, la situation des personnes réfugiées faiblement scolarisées est particulièrement complexe : ces dernières doivent non seulement intégrer de nouvelles normes culturelles, mais aussi un système d'apprentissage qui nécessite la mobilisation de ressources cognitives et affectives pouvant être endommagées par la complexité de la situation de transitions qu'elles vivent. De plus, les enjeux de littéracie et les barrières linguistiques peuvent renforcer l'isolement de ces personnes et, par conséquent, empirer leur état de santé mentale déjà fragilisé. L'ensemble cumulé de ces facteurs peut devenir un frein à leur intégration.

3.2 Pistes d'action et ressources potentielles pour l'intervention

Il semble d'abord essentiel, dans l'accompagnement des personnes réfugiées, d'avoir conscience des conséquences des traumatismes et de leurs manifestations sur la santé physique et mentale afin d'adopter une approche bienveillante, compréhensive et exempte de jugement. Comme le souligne Kirmayer (2002), « [l]'expérience du traumatisme peut modifier les récits de soi » (p. 743). Si c'est le cas, ce qui pourrait être considéré comme un déni ou jugé comme du « mensonge » ne serait en réalité qu'un processus de reconstruction de soi.

L'accompagnement des personnes réfugiées nécessite donc une attention particulière à leur narration et une certaine vigilance dans l'analyse de celle-ci afin d'avoir une compréhension juste de son rôle et son importance. En effet, la narration constitue un moyen de se rebâtir une nouvelle identité et de retrouver un certain équilibre cognitif, qu'elle se produise dans un monologue intime, dans des échanges intimes

---

12   Pour en savoir plus sur les quatre S, lire Anderson et al., (2012)

ou dans le cadre de représentations publiques (Kirmayer, 2002). Elle permet aussi d'orienter la cognition, de recadrer l'expérience et de construire un soi autobiographique, tout en ayant conscience d'une continuité personnelle et historique.

Dans leurs études sur le groupe d'ISP, Dionne et al. (2022a) proposent aussi comme piste d'action la création d'un espace d'échange légitime permettant aux personnes réfugiées de renouer avec leur expérience subjective dans les camps de réfugiés. La prise de conscience mentale et affective qui en découle contribue à dégager un sens différent de leur expérience subjective : elles arrivent entre autres à reconnaitre leur courage, leurs forces et leur capacité de résilience. Enfin, comme dans la section précédente, un tableau présente des pistes d'action supplémentaires, lesquelles proviennent d'une analyse des expériences vécues par des personnes qui interviennent auprès de la population ciblée et de celle de certains écrits (ex. Association canadienne pour la santé mentale, 2003; El-Awad et al., 2022; Grochtdreis et al., 2022; Lambert, 2014 ; Lin et al., 2020; Vonnahme et al., 2015).

Tableau 3. Synthèse des défis, des pistes d'action et des ressources pour l'intervention en lien avec la santé physique et mentale

La santé physique et mentale		
Défis	**Pistes d'action pour la personne conseillère**	**Ressources collaboratives**
Faire face aux conséquences des traumatismes vécus	• Encourager la personne réfugiée à participer à des groupes de discussion, à des cafés-rencontres et des activités en famille. • Référer la personne réfugiée vers des groupes de partage pour lui permettre de s'exprimer sur les différents défis, de partager sur les stratégies. développées pour faire face à ces défis. • Démystifier le stress, les symptômes. • Lors des échanges, aider les personnes réfugiées à identifier les qualités; développées, ce qui peut redonner un sens à ce vécu difficile.	• Famille, amies et amis • Lieux de cultes ou communautés religieuses • CLSC, hôpitaux • Ressources professionnelles en santé mentale et des relations humaines • Site web et ressources fournies par le Centre d'études sur le stress humain • Organismes communautaires • Groupes de discussion
Surmonter des difficultés d'apprentissage liées aux problématiques de santé physique ou mentale	• Référer la personne réfugiée et l'accompagner pour l'utilisation adéquate des ressources. • Soutenir la réussite scolaire et encourager la persévérance scolaire. • Intervenir, si possible, auprès de son réseau pour sensibiliser aux besoins d'encouragement et de soutien.	• Autres personnes professionnelles de soutien scolaire (orthopédagogue, personne enseignante, psychologue, personne travailleuse sociale) • Famille, amies et amis
Se reconstruire face à une situation de transitions complexes	• Accompagner la personne réfugiée dans la recherche d'aide en fonction de ses besoins. • Soutenir pour sortir de l'isolement. • Encourager la pratique religieuse lorsqu'elle est présente et aider à trouver des lieux de cultes. • Accompagner la personne dans la découverte des ressources disponibles en ligne. • Créer un carnet des ressources dans la région. • Trouver un emploi afin de sortir de l'isolement et rencontrer des gens. • Effectuer un travail identitaire dans le cadre du processus d'orientation.	• Famille, amies et amis • Communautés religieuses • Organisme d'aide à l'emploi • Organismes communautaires • Agence de placement • Personnes conseillères en emploi • Info santé/info sociale — 811 • Site du 211 - Les programmes de services sociaux de proximité • Site de l'Association d'aide aux réfugiés (UNHCR Canada) • Site web Aller mieux à ma façon du Gouvernement du Québec

4
La précarité et
le sentiment d'urgence

4.1   Principaux défis

- *Subvenir aux besoins de sa famille : l'urgence de travailler*

Plusieurs personnes réfugiées ont vécu une grande partie de leur vie dans un état d'urgence ou de survie. Ce sentiment d'urgence peut exercer une influence sur leur démarche d'intégration au travail et leur vécu pendant les périodes d'apprentissage que cette démarche requiert. De surcroit, la durée limitée des allocations et des mesures de formation offertes et exigées par les instances gouvernementales accentue, dans certains cas, le désir de certaines de ces personnes d'intégrer un emploi dès que possible. Le soutien financier qui leur est offert ne suffit souvent pas.

Pour les personnes réfugiées faiblement scolarisées, la situation de précarité financière engendre ainsi de nombreuses inquiétudes quant à la capacité de subvenir aux besoins de la famille et de faire face aux dépenses courantes (alimentation, loyer, garderie, etc.). L'incapacité d'assumer les dépenses de base pour sa propre survie ou celle de sa famille peut non seulement avoir des impacts sur la santé, mais aussi retarder les différentes démarches pouvant favoriser l'intégration sociale et professionnelle (Lavoie et al., 2008; Vonnahme et al., 2015). En effet, faute de temps et de moyens, elles n'arrivent peut-être pas à s'engager pleinement dans un processus d'orientation. L'exigence de trouver un emploi rapidement pour faire vivre leur famille constitue certes une priorité, mais il s'avère pertinent de questionner le fait que cela pourrait entraver leur capacité à se projeter à moyen et à long terme dans un projet pouvant apporter une contribution différente à leur communauté ainsi qu'à la société d'accueil.

- *Trouver un point d'ancrage dans la société d'accueil*

L'accès au marché du travail permet de sortir de la précarité, mais aussi de s'intégrer socialement. Les personnes réfugiées ont en ce sens la «volonté de se redonner des points d'ancrage au sein de leurs sociétés d'accueil, à la fois pour elles-mêmes et [pour] leurs familles» (Conseil supérieur de l'éducation, 2021, p. 11). Toutefois, ce processus de repositionnement génère souvent une certaine ambivalence entre le fait «de mieux-vivre et des difficultés à comprendre le fonctionnement du nouvel environnement» (Roesti, 2019, p. 51). La personne réfugiée ne se sent plus en danger comme elle l'était dans son pays d'origine, mais elle doit affronter au quotidien plusieurs défis d'adaptation à un nouvel environnement : comprendre le mode de vie, les valeurs, les traditions, les habitudes alimentaires, les tâches du quotidien, etc. L'accès au transport en commun pour se rendre à son travail ou à un centre de formation peut aussi être difficile [13], ce qui ajoute un stress important et des délais de déplacement très long (Arsenault, 2020). Dans le contexte québécois s'ajoute aussi l'adaptation au climat, non négligeable; l'hiver incite certaines personnes réfugiées à s'isoler davantage, ce qui réduit inévitablement le nombre de contacts sociaux nécessaires à l'intégration.

- *Obtenir un logement décent et abordable*

L'accès à un logement pour les familles réfugiées peut s'avérer un obstacle de taille en raison de la pénurie de logements, du coût des loyers ou du refus de certains propriétaires de louer à des personnes racisées (Arsenault, 2020; Guay-Charrette, 2010). Lorsque le logement est trouvé, on ne peut ignorer tous les apprentissages qui en découlent : les personnes réfugiées devront par exemple se familiariser avec le fonctionnement d'un loyer (signature du bail, paiement, suivis avec la personne propriétaire, etc.), des services d'électricité ou des installations sanitaires (Arsenault, 2020).

4.2   Pistes d'action et ressources potentielles pour l'intervention

De manière générale, il importe de bien connaitre la situation financière des personnes réfugiées et d'agir en partenariat et en continuité avec les différents services pour faciliter l'accès à des ressources d'aide. Il convient aussi de poursuivre le processus d'orientation même lorsque la personne se trouve en emploi.

Dionne et al. (2022b) montrent également l'intérêt d'intervenir en s'appuyant sur l'agentivité, soit la capacité de choisir et d'influencer son parcours de vie. Pour y arriver, il peut s'avérer porteur d'amener les personnes réfugiées faiblement scolarisées à prendre conscience que les apprentissages se font en interaction avec les autres en connaissant les règles de conduite, mais aussi en utilisant leurs capacités à agir et à comprendre des aspects de la culture selon la direction qu'elles valorisent.

En synthèse, le contenu du tableau s'appuie encore ici sur une analyse d'expériences de personnes qui interviennent auprès de la population cible et de l'analyse d'écrits (ex. Arsenault, 2020; Beaulieu, 2019; Conseil supérieur de l'éducation, 2021 ; Guay-Charrette, 2010; Sue et Sue, 2015; Zlaquette et Chambers, 2017).

---

13   Les logements abordables se trouvent souvent en périphérie et sont aussi généralement moins bien desservis par les services de transport en commun.

Tableau 4. Synthèse des défis, des pistes d'action et des ressources pour l'intervention en lien avec la précarité et le sentiment d'urgence

La précarité et le sentiment d'urgence		
Défis	**Pistes d'action pour la personne conseillère**	**Ressources collaboratives**
Subvenir aux besoins de sa famille : l'urgence de travailler	• Offrir de l'aide et répondre aux questions pour les démarches d'installation et d'intégration (par ex., trouver une garderie, remplir des formulaires, comprendre des lettres du gouvernement, s'habiller pour rester au chaud l'hiver, réaliser des recettes faciles, etc.). • Référer la personne réfugiée vers les personnes de son réseau social afin de l'aider à trouver des ressources du milieu. • Communiquer des informations sur les services disponibles. • Transmettre de l'information valide et claire sur les mesures d'aide et les allocations ($).	• Organisme communautaire • Réseau social • Comptoirs alimentaires • Friperies • Services municipaux • Répertoire des organismes des différentes municipalités • Site du 211 – Les programmes de services sociaux de proximité
Trouver un point d'ancrage dans la société d'accueil	• Référer la personne réfugiée vers des structures de soutien pour aider à développer son pouvoir d'agir autour d'enjeux dans sa communauté. • Aider à la connaissance des aliments disponibles dans la société d'accueil en utilisant des circulaires et en invitant à participer à des ateliers de cuisines collectives qui présentent la préparation des aliments et permettent de répondre aux questions afin d'aider à la connaissance des aliments disponibles dans la société d'accueil. • Aider à comprendre le marché du travail, les codes culturels en emploi. • Aider à la recherche d'emploi : préparation du CV, simulation d'entrevue. • Créer un sentiment d'appartenance, faire du centre d'éducation des adultes ou de l'organisme un milieu de vie, un environnement de confiance.	• Personnel des centres d'éducation des adultes (CEA) • Organismes d'aide à l'emploi • Regroupement des cuisines collectives • Organismes communautaires • Établissements scolaires des enfants et de l'adulte • Personnes intervenantes du CLSC
Obtenir un logement décent et abordable	• Donner des informations et référer vers les programmes d'aide financière. • Donner une aide technique pour les formulaires administratifs en fonction des besoins ou référer vers la personne la plus en mesure d'aider. • Fournir les coordonnées des organismes lors de recours. • Référer la personne réfugiée vers des ateliers sur l'entretien ménager d'un logement, sur le nettoyage des électroménagers et leur fonctionnement.	• Logements sociaux • Coopérative d'habitation • Aide financière de dernier recours • Organismes communautaires • Personnes travailleuses sociales et intervenantes dans les milieux • Service d'aide juridique Juripop

5
L'apprentissage des codes de la société d'accueil

5.1 Principaux défis

• *Apprendre les codes de la société d'accueil*

L'intégration de la personne réfugiée, que ce soit sur le plan social ou professionnel, exige que cette dernière apprenne et comprenne les codes de la société d'accueil, qui peuvent diverger des perspectives culturelles, des croyances, des valeurs et des visions du monde du pays d'origine (Fouad et Bryars-Winston, 2005). Au premier chef, la majorité des personnes réfugiées inscrites en francisation ou en alphabétisation proviennent de pays où la représentation de l'individu au sein de la société diffère à plusieurs égards de celle qui prévaut généralement au Québec. Le rapport à l'autorité peut aussi être complètement différent de celui en vigueur dans le contexte d'origine de la personne réfugiée[14] et exacerbé par des compétences linguistiques fragiles. En milieu professionnel, cela peut s'avérer problématique en termes de communication avec la hiérarchie. Des erreurs d'interprétation peuvent à contrario survenir de la part de la direction quant au sens de l'initiative des personnes réfugiées, de sa capacité d'apprentissage d'une tâche, de la démonstration de sa motivation, etc. Un autre exemple (qui n'est toutefois pas spécifique aux personnes faiblement scolarisées) réside enfin dans le rapport hommes-femmes légalement et socialement établi au Québec, qui se révèle différent de celui institué dans plusieurs pays d'où proviennent les personnes réfugiées. Tous ces exemples mettent en lumière le choc culturel important que peuvent vivre certaines personnes réfugiées faiblement scolarisées en intégrant leur société d'accueil.

• *Concilier les impératifs familiaux aux exigences des démarches d'intégration*

Selon le Conseil supérieur de l'éducation (2021), l'intégration de certaines femmes venues d'autres pays comme immigrantes ou réfugiées peut être affectée par des codes sociaux de leur pays d'origine, comme une subdivision genrée des tâches au sein de leur famille : « des écueils en lien avec les impératifs familiaux freinent leurs parcours et peuvent entraver leurs démarches éducatives » (p. 57). Il est en effet observé que les femmes réfugiées faiblement scolarisées sont souvent les premières responsables du soin des enfants (garde, accompagnement, soutien dans l'adversité) et de la famille (gestion et préparation des repas, lessive, ménage, etc.). Elles sont aussi le point d'ancrage de la famille et en charge de maintenir les liens avec le pays d'origine. Le temps consacré à tous ces rôles conjugués peut donc rapidement entraver leur parcours de francisation ou d'intégration en emploi, alors que leur conjoint peut s'y dédier dans une plus large mesure.

---

14 Voir la deuxième partie, au tableau 14.

- *Faire face à l'adversité*

La discrimination et le racisme font partie des défis majeurs que les personnes réfugiées, particulièrement celles racisées, peuvent vivre. Ainsi, même si elles franchissent l'étape de la francisation, leurs efforts ne sont pas toujours reconnus au même titre que ceux des personnes natives du pays sur le marché du travail (Conseil supérieur de l'éducation, 2021; Moisan, 2020). Malgré un contexte de pénurie de main-d'œuvre qui semble faciliter leur intégration professionnelle, la question d'une véritable intégration sociale et professionnelle nécessite encore de nos jours de la vigilance. Lamar et al. (2019) montrent par exemple que les femmes racisées sont plus à risque, en raison du racisme et de la discrimination, de se retrouver dans une situation de pauvreté; elles sont également susceptibles de rencontrer davantage de défis dans le système éducatif et sur le marché du travail.

5.2   Pistes d'action et ressources potentielles pour l'intervention

De manière générale, un accompagnement de personnes réfugiées faiblement scolarisées axé sur la connaissance de soi, la réussite personnelle et la liberté de choix pourrait nécessiter une considération particulière. Il conviendrait notamment d'ajouter à la réflexion le rôle de la famille et des membres de la communauté d'appartenance dans l'appropriation de codes sociaux. Ces aspects seront approfondis ultérieurement.

En plus de considérer l'analyse d'expériences de personnes qui interviennent auprès de cette population, le tableau synthèse qui suit tient compte d'écrits récents comme l'article d'Arsenault (2020) et un avis du Conseil supérieur de l'éducation (2021) sur l'inclusion des familles immigrantes.

Tableau 5. Synthèse des défis, des pistes d'action et des ressources pour l'intervention en lien avec l'apprentissage des codes de la société d'accueil

L'apprentissage des codes de la société d'accueil		
Défis	**Pistes d'action pour la personne conseillère**	**Ressources collaboratives**
Apprendre les codes de la société d'accueil	• Encourager le jumelage interculturel des familles. • Participer à des activités de sensibilisation du milieu. • Accompagner la personne réfugiée ou l'encourager à participer à des activités dans sa communauté avec des personnes intervenantes. • Expliquer les différences et les similitudes entre la culture de la société d'accueil et les autres cultures. • Encourager la personne réfugiée et lui prodiguer des conseils afin de favoriser son réseautage avec les acteurs de la région. • Promouvoir les activités culturelles de la société d'accueil afin d'aider la personne réfugiée à s'intégrer. • Dans le milieu de vie de la personne (centre d'éducation aux adultes ou organismes), accompagner le développement du savoir-être par la pratique dans l'interaction.	• Personnes conseillères • Personnes enseignantes en francisation • Personnes des ressources humaines de l'entreprise • Sites web des municipalités ou médias sociaux pour connaitre les activités • Activités culturelles • Centre d'éducation des adultes • Organismes communautaires • Communautés religieuses • Réseau social
Concilier les impératifs familiaux aux exigences des démarches d'intégration	• Sensibiliser à l'importance des visites à domicile réalisées par des personnes intervenantes. • Donner des informations sur l'existence des halte-garderies ainsi que des camps d'été pour s'occuper des enfants et référer vers les ressources appropriées, en fonction des besoins. • Répondre aux questions et aider à la compréhension du fonctionnement scolaire de l'école des enfants.	• Organismes communautaires tels que les Maisons de la famille, qui offrent des services de halte-garderie • Les camps d'été • Personnes travailleuses sociales et intervenantes dans les milieux • CLSC et réseau de la santé
Faire face à l'adversité	• Valoriser, auprès des entreprises les points forts des différentes communautés culturelles et leur grande motivation à travailler pour s'intégrer dans la société d'accueil. • Offrir des ateliers dans le milieu afin de démystifier la diversité et réduire les préjugés. • Solliciter l'implication des entreprises de la région dans l'intégration des personnes réfugiées. • Sensibiliser les personnes des ressources humaines de l'entreprise aux différences culturelles et à leur apport dans leur entreprise par des ateliers, des moyens électroniques, etc. • Offrir à la personne réfugiée des lieux d'écoute où elle peut s'exprimer sur les défis vécus.	• Bénévolat ciblé (ex : Banque alimentaire) • Équipes multidisciplinaires et multiculturelles • Personnes des ressources humaines de l'entreprise • Services Québec • Service Canada

6
La pré-employabilité et le monde du travail

6.1 Principaux défis

• *Connaitre le fonctionnement du marché du travail*

Compte tenu du contexte de pénurie de main-d'œuvre au Québec, l'intégration et le maintien en emploi des personnes réfugiées faiblement scolarisées peut paraitre facile dans des emplois peu qualifiés. Pourtant, leur intégration s'avère souvent complexe et nécessite, au-delà de l'obtention d'un emploi, de considérer avec elles les spécificités du fonctionnement du monde du travail et des conditions de travail (Rousseau et Venter, 2009; Roesti, 2019). Ces différentes spécificités peuvent représenter des obstacles pour elles, et si ces personnes ne bénéficient pas d'un soutien adéquat, elles pourraient faire face à

> [u]ne information erronée sur le marché du travail ou le secteur d'emploi visé et ses prérequis; l'absence de réseau de contacts; des exigences élevées en ce qui a trait à la maitrise du français; des obstacles systémiques à la capacité d'offrir une prestation de travail (problèmes d'accès à des services de garde ou un système de transport en commun insuffisamment développé); l'exigence d'un diplôme ou d'une expérience acquise au Québec; des formes de discrimination qui affectent l'intégration en emploi. (Conseil supérieur de l'éducation, 2021, p. 145-148)

Les personnes réfugiées faiblement scolarisées peuvent ainsi avoir besoin d'un accompagnement pour mieux connaitre et mieux comprendre les spécificités du monde du travail au Québec, mais aussi celles liées à la culture d'entreprise. Leur intégration et leur maintien en emploi pourraient se révéler plus faciles par la suite si elles savent composer avec une information fausse ou une demande de démarche administrative en milieu professionnel.

• *Connaitre ses droits et ses devoirs comme personne employée*

Pour n'importe qui, l'intégration en emploi peut être fragilisée par un manque d'informations et de connaissances sur ses droits et devoirs en vertu du *Code du travail* ou sur les normes du travail, de la santé et de la sécurité (Salamanca, 2016). Pour les personnes réfugiées faiblement scolarisées dont le niveau de littératie est particulièrement faible, ce constat est d'autant plus vrai. Elles peuvent être victimes d'abus de la part des ressources humaines de l'entreprise et des agences de placement, par exemple lorsqu'il y a « omission de payer les heures de travail, les vacances, les heures supplémentaires, les pauses et les jours fériés » (Salamanca, 2016). Les conditions de travail peuvent aussi être difficiles et non sécuritaires, le rythme de travail abusif et certaines « pratiques discriminatoires » comme le non-respect des heures de repas et des pauses (Beaulieu, 2019; Salamanca, 2016). Compte tenu de leur statut légal, la crainte de perdre leur emploi peut les inciter à choisir de ne pas se défendre ou de ne pas faire reconnaitre leurs droits.

En matière de responsabilités et de devoirs professionnels, aussi, certaines personnes réfugiées faiblement scolarisées sont susceptibles d'avoir du mal à comprendre la culture de travail du pays d'accueil (Dubé, 2014). Les exigences spécifiques à l'emploi qu'elles occupent peuvent aussi être en décalage avec ce qu'elles ont connu précédemment, que ce soit le fait « d'arriver à l'heure, [de] ne pas dépasser le nombre de congés accordés par l'entreprise, [ou de] s'habituer à prendre les rendez-vous personnels en soirée si un congé ne peut être accordé » (Dubé, 2014), etc.

- *Se maintenir en emploi*

Généralement, les personnes réfugiées sont motivées et présentent une réelle volonté de faire ce qui est requis pour se maintenir en emploi, tout en connaissant peu la culture du travail et encore moins celle spécifique au métier choisi. Leur perception du marché du travail du pays d'accueil n'est pas représentative des différentes réalités (Conseil supérieur de l'éducation, 2021) avec lesquelles elles pouvaient composer dans leur culture d'origine. Le maintien en emploi représente donc un autre défi pour les personnes réfugiées et exerce sur celles-ci une certaine pression financière puisqu'elles désirent assurer les besoins financiers de leur famille, celle d'ici et de leur pays d'origine, tout comme l'avenir de leurs enfants. S'ajoutent les défis du quotidien — que vivent aussi les personnes natives — comme la conciliation travail-famille. Pour celles qui dépendent du transport en commun, toutefois, il faut tenir compte des horaires et s'organiser en conséquence : préparer les enfants pour l'école ou la garderie le matin puis, le soir, tenter de reprendre les enfants à l'heure pour ne pas payer de surplus à la garderie.

Au travail, elles connaissent peu leurs compétences et les aptitudes qu'elles ont développées pour faire face aux réalités de leur pays d'accueil. Elles ont parfois peu confiance en elles-mêmes, ce qui les amène à se représenter difficilement dans le rôle de personne employée. Dans certaines situations, la différence culturelle cause une incompréhension, tant chez elle que chez la personne qui l'emploie ou la dirige. Par exemple, il peut y avoir une compréhension différente de la communication avec l'autorité, de la gestion de la tâche, des attitudes et des comportements à privilégier et à éviter avec les collègues, etc.[15]

6.2   Pistes d'action et ressources potentielles pour l'intervention

Les défis auxquels font face les personnes réfugiées faiblement scolarisées en matière de pré-employabilité et d'intégration au monde du travail peuvent être surmontés grâce à un accompagnement. À la suite d'une activité sur les fiertés et la rédaction de son cv, par exemple, une participante à la recherche de Dionne et al. (2022b) reconnait davantage ses qualités et manifeste le souhait de les développer sur le marché du travail. Un tel travail sur la reconnaissance de ses qualités, jumelé à l'appropriation de connaissances pertinentes sur le marché du travail, peut aider la personne réfugiée faiblement scolarisée à mieux se percevoir dans le rôle de personne employée, rôle qu'elle n'a pas tenu depuis plusieurs années, parfois, en raison du parcours migratoire.

---

15 Ces différences culturelles sont abordées spécifiquement dans la partie 2

Dans d'autres cas, c'est la médiation interculturelle qui s'impose. Compte tenu de sa connaissance de la langue et des codes sociaux, la personne conseillère peut en effet s'adresser plus facilement à l'entreprise ou à celle responsable de la garderie pour négocier, dans une perspective d'advocacie, une entente relative aux horaires si le problème se pose. Ainsi, les besoins et les contraintes de la personne réfugiée peuvent être mieux compris et pris en considération en fonction de la réalité du milieu professionnel, scolaire ou de garde (Dionne et al., 2022b).

En plus de tenir compte, comme dans les sections précédentes, des écrits pertinents sur le sujet (p. ex., Béji et Pellerin, 2010; Delory-Montberger et Mbiatong, 2011; Dionne et al., 2022b; RQuODE, 2016), le tableau qui suit s'inspire de l'analyse d'expériences de personnes qui interviennent auprès des personnes réfugiées faiblement scolarisées.

Tableau 6. Synthèse des défis, des pistes d'action et des ressources pour l'intervention en lien avec la pré-employabilité et le monde du travail

La pré-empoyabilité et le monde du travail		
Défis	**Pistes d'action pour la personne conseillère**	**Ressources collaboratives**
Connaitre le fonctionnement du marché du travail	• Effectuer un travail de médiation avec les ressources humaines de l'entreprise pour qu'elles comprennent la réalité des personnes réfugiées. • Aider la personne réfugiée à se construire un réseau par des activités de réseautage diversifiées. • Proposer à la personne réfugiée de s'engager rapidement dans des activités lui permettant de développer ses compétences et d'apprendre un métier (stages, activités d'intégration, etc.). • Offrir un suivi en milieu de travail afin de faciliter les communications avec les ressources humaines de l'entreprise et s'assurer du bon fonctionnement. • Encourager les entreprises à offrir des cours de francisation aux personnes réfugiées nouvellement embauchées afin de les aider dans leur intégration. • Effectuer plusieurs exercices et accorder beaucoup de temps à la pratique d'entrevue. • Proposer des situations d'apprentissage qui permettent la découverte du marché du travail de la société d'accueil, du vocabulaire lié au travail et utilisé en milieu de travail.	• Organismes d'aide à l'emploi • Éducation des adultes • Personnes conseillères • Famille, amies et amis • Entreprises et ressources humaines • Ressources offrant des cours de français en entreprise • Dépliant de sensibilisation aux enjeux de littératie et de francisation en milieu de travail (p. ex., La littératie, un moteur de croissance pour l'entreprise et son personnel) • Centres de services scolaires

Synthèse des défis, des pistes d'action et des ressources pour l'intervention en lien avec la pré-employabilité et le monde du travail

La pré-empoyabilité et le monde du travail		
Défis	**Pistes d'action pour la personne conseillère**	**Ressources collaboratives**
Connaitre ses droits et ses devoirs comme personne employée	• Assurer un accompagnement constant sur la recherche d'emploi en ligne. • Rester en contact régulier avec la personne superviseure afin d'assurer un suivi rapidement sur les difficultés rencontrées en emploi. • Présenter le marché du travail local, régional et provincial (p. ex., types d'emplois disponibles, marché caché, qualifications requises vs celles souhaitées, horaires de travail, etc.). • Expliquer l'information de base liée à l'obtention d'un nouvel emploi (ex : données bancaires, attentes de l'entreprise, attentes des collègues, vêtements à porter ou à éviter, etc.). • Informer sur les normes du travail, de même que sur les droits et responsabilités en tant que personne employée. • Dispenser des formations, de la documentation sur les normes du travail, la santé et la sécurité et un support imprimé afin que la personne réfugiée puisse s'y référer au besoin à l'aide d'une ressource externe ou de la communauté qui sait lire (ex : les enfants). • Créer une liste d'informations pouvant être demandées par la personne responsable des ressources humaines. • S'assurer que la personne réfugiée comprend que des lois existent par rapport à l'emploi et qu'elle peut s'y référer sur Internet ou en demandant l'aide de personnes-ressources.	• Normes du travail, la loi sur la santé et sécurité au travail CNESST • Personnes conseillères • Entreprises et ressources humaines • Organismes d'aide à l'emploi • *Charte des droits et libertés de la personne*
Se maintenir en emploi	• Présenter les réalités du marché du travail et du métier choisi. • Prévoir des activités pour les aider à identifier et clarifier leurs limites et leurs ressources personnelles et environnementales pendant la formation ainsi que leurs besoins. • Assurer un suivi régulier en emploi afin d'accompagner les personnes réfugiée et ressources humaines de l'entreprise dans l'intégration. • Rencontrer la personne réfugiée et celle qui la supervise sur les lieux de travail afin d'évaluer son rendement et mieux comprendre le contexte. • Saisir les différentes occasions d'expliquer aux ressources humaines de l'entreprise la réalité d'une personne réfugiée dans un contexte d'emploi ainsi que les différences culturelles qui peuvent être observées.	• Personnes conseillères • Personne responsable des ressources humaines • Collègues de travail • Personnes enseignantes dans les programmes d'ISP

7
La connaissance des ressources gouvernementales et communautaires et des modalités d'accès à celles-ci

7.1 Principaux défis

- *Comprendre le fonctionnement des institutions*

Selon Marchioni (2016), « les personnes réfugiées ont souvent des difficultés à maitriser tous les éléments de procédure concernant l'immigration et sont parfois victimes de mauvaises informations » (p. 23). Cela peut non seulement entrainer des délais supplémentaires, mais aussi générer des complications. Entre autres, les communications écrites avec les instances gouvernementales s'avèrent parfois difficiles à comprendre (Clerc, 2019) et nécessitent – particulièrement pour une personne réfugiée faiblement scolarisées – le recours à une personne-ressource dont les compétences en littératie sont assurées. Le fait d'avoir un faible niveau de scolarité ou d'alphabétisation peut donc être un obstacle majeur à la compréhension du fonctionnement des institutions (Dezutter et al., 2018) dans le pays d'accueil. Rassemblées, toutes les procédures et les démarches administratives peuvent s'avérer particulièrement difficiles pour ces personnes qui se trouvent complètement démunies avec un grand sentiment d'impuissance (Marchioni, 2016).

- *Connaitre l'existence des ressources, comprendre leur utilité et y accéder*

« [P]our certaines personnes immigrantes, la notion même d'orientation professionnelle est inconnue et la possibilité de faire des choix professionnels est nouvelle » (Conseil supérieur de l'éducation, 2021, p. 107). Aux difficultés de compréhension du système s'ajoute donc un manque de connaissances sur les ressources qui pourraient faciliter l'intégration sociale et professionnelle. Cela étant, la visibilité variable de ces ressources et des services d'orientation est parfois aussi en cause. Une enquête populationnelle (Bélisle et Bourdon, 2015) a d'ailleurs montré qu'il s'agit d'un enjeu pour les adultes sans diplôme au Québec : seulement 15 % de ces adultes sans diplôme ayant besoin de service d'orientation « sav[ai]ent quels organismes [pouvaient] les aider à répondre à leurs questions d'orientation » (p. 2). Il est raisonnable de penser que les personnes réfugiées font face au même défi.

Il arrive pourtant que les personnes réfugiées faiblement scolarisées connaissent la ressource ou le service dont elles ont besoin, mais n'y accèdent pas, ne sont pas à l'aise de l'utiliser. Demander de l'aide en dehors de la famille et du réseau social peut être difficile (Arsenault, 2020) pour certaines, et ce, pour différentes raisons. Il peut s'agir d'une méfiance par rapport aux services publics et aux organismes parce qu'elles ont vécu des expériences antérieures difficiles. D'autres fois, la peur de ne pas être comprises en français peut les paralyser. Pour paraphraser Hanley et al. (2018), elles ont impérativement besoin d'être mises en confiance.

• *Développer des compétences qui facilitent l'accès aux ressources et l'utilisation de celles-ci*

Dans un contexte où le recours aux ressources en ligne est presque systématique pour réaliser la plupart des démarches administratives, le développement de compétences numériques de base est incontournable pour les personnes réfugiées faiblement scolarisées, qui ne connaissent souvent pas l'existence de ces ressources ni leur utilité.

> le renvoi fréquent à des ressources en ligne pour l'obtention de l'information ou des services nécessaires ne tient pas compte des capacités de toutes les personnes. La transformation numérique dans laquelle la société québécoise s'est engagée depuis déjà plusieurs années requiert une littératie numérique accrue [...]. Il faut non seulement disposer de l'équipement et des accès Internet requis, qui coûtent cher, mais également savoir s'en servir. (Conseil supérieur de l'éducation, 2021, p. 58)

La compréhension du fonctionnement des structures gouvernementales nécessite un certain temps pour toutes les catégories de personnes immigrantes nouvellement arrivées. En particulier, elles doivent notamment développer une « compréhension des éléments du système d'éducation en lien avec la scolarisation des enfants ou pour [leurs] propres besoins, la connaissance des codes, du fonctionnement et de la culture du marché du travail » (Conseil supérieur de l'éducation, 2021, p. 71). Ce manque de repères, combiné à la barrière de la langue, contribue à rendre tout processus administratif difficile et entraine une grande dépendance à d'autres personnes dans les premiers temps. Comme le souligne une personne réfugiée : « Vraiment, il existe beaucoup de choses cachées. On a besoin, au début, de quelqu'un qui explique et qui dirige, qui conseille, qui accueille, qui accompagne » (Conseil supérieur de l'éducation, 2021, p. 71).

7.2   Pistes d'action et ressources potentielles pour l'intervention

Pour les personnes réfugiées faiblement scolarisées, l'intégration dans la société d'accueil passe notamment par la connaissance et la compréhension des ressources et services disponibles. Si les personnes conseillères peuvent contribuer à faire connaitre et à expliquer un certain nombre de ces ressources et services, deux autres éléments doivent être considérés dans leurs interventions. D'une part, elles devront probablement développer la confiance dans les services publics des personnes qu'elles accompagnent et, d'autre part, elles pourront inciter les divers organismes à clarifier leur offre de services en orientation scolaire et professionnelle à l'intention du public cible et à adapter leur promotion à des personnes faiblement scolarisées. Les personnes réfugiées dont c'est le cas pourront ainsi mieux comprendre la spécialisation des divers programmes d'employabilité.

Un dernier tableau résumant les défis, les pistes d'action et les ressources est présenté ci-dessous, notamment inspiré des travaux de Bimrose et McNair (2011), Dionne et al. (2022a), du Regroupement québécois des organismes pour le développement de l'employabilité (RQuODE, 2016) et d'un avis du Conseil supérieur de l'éducation (2021). Comme pour les autres sections, les pistes d'action tiennent également compte d'une analyse d'expériences de personnes qui interviennent auprès de personnes réfugiées faiblement scolarisées.

Tableau 7. Synthèse des défis, des pistes d'action et des ressources pour l'intervention en lien avec la connaissance des ressources et de leurs modalités d'accès

La connaissance des ressources et de leurs modalités d'accès		
Défis	**Pistes d'action pour la personne conseillère**	**Ressources collaboratives**
Comprendre le fonctionnement des institutions	• Veiller à la progression de la maitrise des concepts utilisés dans les formulaires utilisés : le type de questions posées peut être déroutant pour les personnes (p. ex., le champ « ancienne adresse » pose problème lorsque la personne a vécu plusieurs années dans un ou plusieurs camp(s) de réfugiés). • S'assurer, dès le début de l'intervention, que la personne possède les documents requis pour travailler ; dans le cas contraire, entreprendre rapidement les démarches nécessaires. • Préciser qu'il est normal de se décourager face aux lourdeurs administratives et aux délais, mais insister sur l'importance/l'obligation d'obtenir les documents officiels pour la suite de la démarche ou l'intégration en emploi. • Offrir des ateliers thématiques sur les rouages du système (p. ex., le fonctionnement des structures politiques régionales, provinciales et fédérales ; les services et programmes disponibles ; l'information générale sur les différents ministères ; les droits comme personne employée, etc.).	• Personnes enseignantes en francisation • Programmes de francisation • Organismes communautaires • Personnes conseillères • Famille, les ami(e)s
Connaitre l'existence des ressources, comprendre leur utilité et y accéder	• Encourager des recherches spécifiques sur des organismes qui peuvent s'avérer pertinents (adresse, numéro de téléphone) afin que la personne réfugiée obtienne l'information verbalement. • Prévoir du soutien informatique pour s'approprier les principaux sites de contacts avec l'appareil gouvernemental aux différents paliers (municipal, provincial et fédéral). • Préconiser le contact en personne pour faciliter les échanges. • Se rendre disponible pour accompagner la personne réfugiée lorsqu'il y a référence à d'autres services afin de faciliter le développement du lien avec les nouvelles personnes.	• Personnes enseignantes en francisation • Programmes de francisation • Organismes communautaires • Personnes conseillères • Famille, amies et amis

Synthèse des défis, des pistes d'action et des ressources pour l'intervention en lien avec la connaissance des ressources et de leurs modalités d'accès

La connaissance des ressources et de leurs modalités d'accès		
Défis	**Pistes d'action pour la personne conseillère**	**Ressources collaboratives**
Acquérir une certaine autonomie dans l'accès et l'utilisation des ressources	• Prévoir du soutien informatique pour la recherche d'emploi. • Présenter les fonctionnalités de lecture à voix haute de différentes applications (navigateur Chrome ou Safari, moteur de recherche Google, Word) : choix de la voix, ajustement du débit, variété de langue (français ou canadien), etc. • Intégrer des cours d'utilisation de l'informatique en parallèle à l'accompagnement en orientation. • Réaliser des documents synthèses adaptés à la clientèle avec des exemples pratiques.	• Personnes enseignantes en francisation • Programmes de francisation • Organismes communautaires • Personnes conseillères • Famille, amies et amis • Cours d'initiation à l'informatique de base offert par certains organismes communautaires • Applications de lecture à voix haute • Intelligence artificielle

Deuxième Partie

S'approprier les repères théoriques et implications pratiques pour l'intervention

1
Les différences culturelles

Pour accompagner les personnes réfugiées faiblement scolarisées en intégration sociale et professionnelle (ISP) et en orientation, une compréhension des enjeux relatifs aux différences culturelles est capitale. Connaitre ces différences permet à une personne intervenante de développer ses compétences interculturelles et de mieux comprendre l'environnement dans lequel s'est construit le monde de l'Autre. Cette référence au monde de l'Autre fournit des données essentielles qui nourrissent une conception de l'intervention de manière générale, mais aussi particulièrement en orientation et en ISP, selon l'approche de l'interculturalité.

La référence au monde de l'Autre aide les personnes conseillères à prendre conscience du risque d'adopter une lecture ethnocentrique du vécu de l'Autre qui se trouve en face d'elles, c'est-à-dire d'avoir tendance (consciemment ou non) à privilégier le groupe ethnique auquel elles appartiennent et à en faire le seul modèle de référence (Cohen-Emerique, 2015; Kilani, 2014). Une telle lecture ethnocentrique expose aussi au risque de tomber dans le piège de la catégorisation et des idées préconçues (stéréotypes), piège qui consisterait à interpréter systématiquement les comportements, les valeurs, les compétences d'une personne réfugiée en fonction de sa culture d'origine. S'inscrire dans la référence au monde de l'Autre, pour les personnes conseillères, consiste plutôt à s'engager dans une prise de conscience fondée sur une démarche réfléchie et réflexive de l'interculturalité ; celle-ci permet de mieux s'intéresser à la personne réfugiée et à comprendre son expérience, d'accéder à l'explication qu'elle donne de cette expérience et à la perception qu'elle a de sa situation.

Cette deuxième partie aborde le concept de différences culturelles à travers la présentation de certains modèles phares, notamment celui d'Hofstede et al. (1994 ; 2010) et en intégrant des perspectives d'intervention spécifiques à l'ISP de personnes réfugiées. Ces perspectives concernent principalement l'intervention de groupe, mais pourraient parfaitement être réfléchies et adaptées à l'accompagnement individuel. Dans ce cas, il serait néanmoins souhaitable d'envisager des espaces collectifs de rencontre pour sortir les personnes accompagnées de l'isolement et favoriser le soutien réciproque, le partage d'expériences et la mutualisation des ressources personnelles, entre autres. Dans le même esprit, lorsque réalisées auprès de groupes, les perspectives d'intervention gagneraient à s'appuyer aussi sur des rencontres individuelles afin d'offrir à chaque membre du groupe un espace personnalisé et sécurisé pour traiter de certains aspects de sa situation.

1.1 Comprendre les différences culturelles selon le modèle de Hofstede

Le modèle culturel d'Hofstede et al. (2010) permet de comprendre l'organisation des cultures à travers le monde. Ce modèle était au départ structuré autour de quatre dimensions, auxquelles se sont ajoutées deux autres dimensions avec la collaboration de Minkov, pour arriver au modèle actuel, à six dimensions : 1) individualisme/collectivisme; 2) distance hiérarchique; 3) masculinité/féminité (que nous reprendrons ici en termes de rôles sociaux de genres); 4) contrôle de l'incertitude; 5) orientation à long terme/orientation à court terme et 6) plaisir/ modération. Lorsque le libellé de la dimension présente une opposition, Hofstede (2011) précise qu'il faut interpréter chacun des termes de l'opposition comme des extrêmes sur le plan des cultures, sans être des absolus. La culture d'un pays ne peut se définir de manière aussi dichotomique. Dans les faits, celle du pays d'accueil et celle du pays d'origine se caractérisent plus probablement sur un continuum entre les deux termes opposés dans le modèle théorique.

L'utilisation d'un modèle comme celui de Hofstede en contexte d'intervention nécessite donc une grande prudence, mais présente l'intérêt de favoriser, chez la personne conseillère, une meilleure conscience de soi et de l'Autre basée sur la connaissance des caractéristiques culturelles. Dans le contexte d'intervention dont il est question dans cette publication, ces caractéristiques renvoient, par exemple, aux valeurs, aux attitudes et aux habitudes d'action émanant de la culture d'origine de la personne réfugiée et de celle du pays d'accueil. La personne conseillère, lors de l'accompagnement, peut ainsi s'appuyer sur cette compréhension pour accroître sa vigilance à l'égard de ses propres déterminants culturels. Elle est aussi plus consciente de l'impact que ces déterminants peuvent avoir sur sa perception de l'Autre (la personne réfugiée), ce qui l'aide à se placer dans une posture empathique. La connaissance de ces dimensions aide également à porter attention à l'ethnocentrisme autant du côté des personnes réfugiées que la personne conseillère. L'ethnocentrisme se définit comme les préjugés conscients ou inconscients qui déforment notre interprétation des réalités différentes de celles de notre groupe d'appartenance, « une pensée ethnocentrique peut nous donner une opinion plutôt négative des groupes qui nous sont étrangers et un sentiment de supériorité quant au nôtre » (Ma, 2022). En somme, elle pourra concevoir ses interventions dans le respect des valeurs de l'Autre.

Dans le cadre de cet ouvrage, nous avons choisi d'analyser trois des six dimensions; celles-ci nous semblent les plus pertinentes au regard de nos objectifs, liés à l'intégration des personnes réfugiées faiblement scolarisées. Il a semblé que pour ces personnes, les dimensions en rapport avec les sphères de l'éducation (individualisme/collectivisme), du travail (distance hiérarchique) et de la famille (rôles sociaux de genre) posaient des défis particuliers à leur intégration au Québec. Dans les sections qui suivent se trouve ainsi une description de chacune de ces dimensions, suivie d'une analyse en contexte d'ISP. Celle-ci nous permettra d'expliciter les différences entre les cultures et de décliner certains thèmes à discuter dans le cadre d'une intervention de groupe en ISP [16], puis de proposer des pistes d'intervention qui, au terme d'expérimentations, ont généré des résultats concluants.

1.1.1 La dimension « individualisme/collectivisme »

La dimension « individualisme/collectivisme » fait référence à l'intégration sociale de l'individu dans un collectif et permet de caractériser les principes de son appartenance à cette entité; cette appartenance peut définir ses attitudes et comportements. Dans les travaux de Hofstede et de ses collègues (1994, 2010, 2011) se trouve une cartographie du monde présentant une répartition des pays sur deux pôles opposés. Certains pays se caractériseraient par une dominante individualiste – le Canada, les États-Unis, l'Australie, l'Europe de l'Est – et d'autres pays pourraient s'inscrire davantage dans une dominante collectiviste;

---

16   Ces thèmes peuvent aussi être abordés lors d'accompagnement individuel.

parmi ces derniers se trouveraient certains pays de l'Afrique, de l'Amérique du Sud et de l'Asie[17] . Besson et Valitova (2021) remettent toutefois en question certains principes de cette catégorisation polarisée en ce qui concerne le Canada.

Comme cela a été fait pour chacun des défis dans la première partie, nous proposons ci-dessous une synthèse des caractéristiques de cette première dimension (individualisme/collectivisme). Suit un tableau présentant 1) des différences culturelles spécifiques reliées à l'éducation; 2) des liens entre ces différences et la pratique en ISP, et 3) des pistes d'intervention qui en découlent. Des tableaux équivalents— pour l'emploi et la famille—complètent le portrait.

Tableau 8. Caractéristiques générales de la dimension « individualisme/collectivisme »
(Agodzo, 2014; Hofstede, 1994)

Individualisme ←	→ Collectivisme
Les gens se sentent indépendants, ils font des choix et prennent des décisions pour eux-mêmes.	Les gens connaissent leur rôle dans la vie; ce rôle est déterminé socialement.
L'intérêt individuel passe avant l'intérêt général.	L'intérêt du groupe prime l'intérêt individuel.
Chacun s'occupe de lui-même et de sa famille immédiate.	Les gens naissent dans des familles élargies ou des clans qui les protègent en échangent de loyauté.
Le droit à la vie privée qui se différencie de la vie publique.	Le stress porte sur l'appartenance à leur groupe, car l'identification et l'appartenance au groupe (famille élargie, clan, tribu) sont primordiales.
L'importance d'avoir un esprit sain.	L'harmonie doit toujours être maintenue.
La transgression des normes qui conduit à des sentiments de culpabilité.	La transgression des normes qui conduit à des sentiments de honte.
Le mot "je" est indispensable dans la langue.	Le mot "je" est moins présent et remplacé par le "nous".

---

17 Pour visualiser la carte du monde : https://geerthofstede.com/culture-geert-hofstede-gert-jan-hofstede/6d-model-of-national-culture/

Tableau 9. L'éducation dans la dimension « individualisme/collectivisme »

Différences culturelles	
Individualisme ⟵	⟶ **Collectivisme**
Le but de l'éducation est d'apprendre à apprendre et de préparer l'individu à prendre sa place dans la société auprès des autres individualités. Il apprend tout au long de sa vie.	Le but de l'éducation est d'apprendre « à faire » pour participer à la vie en société. Les apprentissages scolaires se font pendant la jeunesse.
Les élèves s'attendent à recevoir un traitement individuel et impartial.	Le traitement des élèves est orienté vers le groupe, jamais vers l'individu isolément. L'harmonie et la fierté sont des valeurs dominantes ; ce qui va à l'encontre de celles-ci peut se vivre comme de la honte pour le groupe.

Éléments de considération pratique pour la formation de groupe en ISP et les rencontres individuelles

- Les personnes réfugiées provenant de pays dits collectivistes sont davantage familières avec un apprentissage dans une formule de groupe. Dans un groupe d'ISP, le soutien apporté par les personnes conseillères et par les personnes participantes entre elles aide à faire émerger les ressources de ces dernières et à les transformer en opportunités de choix et de réalisations. Cette participation contribue à l'espoir d'atteindre ses objectifs, favorise l'entraide et la solidarité (Dionne et al., 2022b).
- Puisque certaines personnes réfugiées faiblement scolarisées apprennent collectivement et se préoccupent des retombées concrètes pour leur collectivité (le *nous*), elles sont moins familières avec les exercices d'introspection et les activités individualisées (centrées sur le *je*).
- Les personnes réfugiées faiblement scolarisées ont davantage développé des stratégies pour apprendre à faire, mais n'ont pas eu, pour plusieurs, l'opportunité de développer des stratégies permettant d'apprendre à apprendre. Une personne ayant peu d'expérience scolaire peut présenter certaines difficultés à l'égard de fonctions exécutives (Gagné et al., 2009), définies comme « un ensemble de processus cognitifs se développant de la naissance jusqu'à l'âge adulte, qui permet à l'individu de réguler/contrôler intentionnellement ses émotions, ses pensées et ses actions dans l'atteinte d'un objectif précis » (Montminy et Duval, 2022)[18]. Dans le groupe d'ISP, la participation aurait un impact sur le développement cognitif des personnes participantes et, de ce fait, sur leur intégration dans la société (Dionne et al., 2022b).

---

18 Certaines recherches abordent ce point en lien avec les fonctions exécutives (mémoire de travail, activation, planification et organisation, inhibition, flexibilité cognitive et régulation émotionnelle).
Pour en savoir davantage :
- Gagné, Leblanc et Rousseau. (2009) ;
- Stratégies d'enseignement selon les fonctions exécutives à développer :
  http://www.teachspeced.ca/fr/fonctions-executives?q=fr/node/1161 ;
- Les fonctions exécutives et les personnes réfugiées : Pocreau et Borges (2006) ; Chen et al. (2019).

L'éducation dans la dimension « individualisme/collectivisme »

- Les personnes réfugiées faiblement scolarisées issues d'une culture collectiviste peuvent attendre de prendre position lorsqu'elles connaissent l'opinion du groupe.
- Devant les besoins d'une personne, tous les membres issus d'une culture collectiviste peuvent s'engager dans l'action pour aider, sans égard au temps requis ou à leur propre objectif.
- Lors de conflits, les personnes issues d'une culture collectiviste peuvent vivre de la honte que leur groupe ne soit pas dans l'harmonie. L'émotion est associée au vivre-ensemble en groupe plus qu'à une expérience individuelle.

Pistes d'intervention possibles

- S'ajuster à leur rythme d'apprentissage, et structurer pas à pas les exercices à faire. Les personnes du groupe ont beaucoup de tolérance, de patience devant celles qui ont plus de difficultés.
- Répéter souvent les concepts importants en faisant des liens à chaque occasion avec l'emploi et l'orientation.
- Inclure des stratégies pour développer les fonctions exécutives.
- Inclure graduellement et régulièrement des exercices d'introspection en démontrant explicitement le lien avec l'emploi, et favoriser la réflexion en petit groupe plutôt qu'individuellement. La présentation explicite des résultats attendus aux exercices renforce la pertinence de ce type d'activité (p. ex., « L'identification de vos compétences vous aide à vous préparer aux questions d'entrevue »).
- Faciliter l'apprentissage des concepts par des exercices pratiques où les personnes participantes s'entraident et partagent leurs idées. Dans le contexte du groupe d'ISP, les activités engagent les personnes réfugiées et leur permettent de réfléchir collectivement à leur avenir de manière consciente tout en considérant l'aspect affectif (Dionne et al., 2022b).
- Discuter de l'importance d'émettre son opinion, surtout lorsqu'elle est sollicitée ; créer et favoriser un climat propice aux échanges par le modelage.
- Proposer des exercices pour encourager les échanges d'opinions afin de préparer les personnes participantes à l'emploi. Développer leur capacité de s'affirmer, de se positionner ou de donner leur opinion aide au développement du pouvoir d'agir ; par conséquent, cela favorise l'ouverture aux différentes opportunités d'emploi (Dionne et al., 2022b).
- Lors des ateliers de groupe, démontrer le sens et l'importance des connaissances afin d'aider les personnes participantes à mieux comprendre comment les utiliser dans leur prise de décisions, pour l'intégration en emploi et le maintien dans ce dernier. Les connaissances du marché du travail acquises par les personnes réfugiées dans le cadre d'un programme d'ISP aident à l'obtention d'un emploi (Dionne et al., 2022b).
- Valoriser la mise en place des normes de groupe comme le respect et l'acceptation des différences d'opinions, le droit à l'erreur et l'apprentissage à partir des erreurs.
- Lors de conflits, normaliser et légitimer les apprentissages de chaque personne pour un retour à une plus grande harmonie au sein du groupe. L'intervention peut aider à transmettre des moyens de gérer des situations de conflits, à prendre conscience des émotions vécues en lien avec ces conflits et à agir progressivement sur celles-ci.

L'éducation dans la dimension « individualisme/collectivisme »

- Aider les personnes du groupe à reconnaitre leur apport individuel par des rétroactions fréquentes sur leurs contributions à l'harmonie du groupe ; faire des liens entre leurs ressources personnelles et l'emploi.
- Reconnaitre le *je* à travers le *nous* et le *je* pour le *nous*.
- Mettre en pratique les différents concepts pour soutenir l'apprentissage : la personne réfugiée développe ainsi sa propre compréhension d'une situation, parfois complexe. (Dionne et al., 2022b)

Tableau 10. L'emploi dans la dimension « individualisme/collectivisme »

Différences culturelles	
Individualisme ←	→ **Collectivisme**
Pour l'emploi, l'embauche des membres de la famille peut engendrer du népotisme. L'embauche est considérée comme une relation commerciale sur le marché du travail.	Une entreprise embauche une personne qui appartient à un groupe, à sa famille, aux familles des personnes salariées.
L'entreprise, les syndicats, les associations font office de groupes d'appartenance.	Le lieu de travail peut, à son tour, devenir un groupe auquel on s'identifie ; les mauvaises performances d'un salarié ne sont pas une raison suffisante pour le congédiement. Le groupe va l'aider, par exemple l'aîné peut prendre la responsabilité des erreurs des plus jeunes pour éviter le congédiement.
La gestion est individualisée : incitations et primes sont liées aux performances.	La gestion est liée à une performance collective. Des origines ethniques partagées peuvent faciliter la bonne intégration à une équipe.
Dans certains milieux, les évaluations de rendement sont considérées comme nécessaires à l'amélioration de la performance. Les discussions transparentes avec l'autorité hiérarchique sont valorisées.	Les évaluations de rendement ne sont pas considérées puisque la discussion entre l'autorité et le subordonné sur la performance de ce dernier reviendrait à rompre l'harmonie. En cas de problème, solliciter la famille peut être jugé utile.
Les tâches à accomplir priment souvent sur les relations personnelles.	Les relations personnelles priment sur les tâches à faire.
L'opinion personnelle est attendue et souhaitée.	Les opinions sont celles du groupe pour préserver l'harmonie.

Éléments de considération pratique pour la formation de groupe en ISP et les rencontres individuelles

- Les conséquences de certains comportements manifestés en formation et en emploi peuvent être interprétées comme une aversion ou de l'antipathie envers soi et non comme une règle qui n'a pas été respectée.
- Pour certaines personnes, commettre des erreurs n'est pas nécessairement perçu comme une source d'apprentissage, mais peut être vécu comme une honte d'avoir déçu l'autorité et le groupe. Dans ces cas, un groupe composé majoritairement de personnes issues d'une culture collectiviste peut prendre la responsabilité des personnes en difficulté en faisant les actions à la place de ces personnes, en cachant leurs erreurs.
- Lors des évaluations de rendement en milieu de travail, les personnes issues d'une culture collectiviste ont tendance à écouter et non à échanger.
- Les personnes issues d'une culture collectiviste peuvent avoir tendance à accorder d'abord de l'importance aux relations sociales et ensuite à la tâche à accomplir, ce qui peut être interprété comme un manque de ponctualité et/ou un manque de productivité. Devant les

L'emploi dans la dimension « individualisme/collectivisme »

besoins d'une personne, il peut être difficile pour elles de comprendre que ce n'est pas de leur responsabilité d'aider.

- Les personnes issues d'une culture collectiviste vont chercher à répondre aux attentes de l'autorité et du groupe plutôt qu'à des attentes individuelles, ce qui signifie par exemple que :
  - refuser une directive du groupe ou de l'autorité peut être jugé impoli ; comme elles ne veulent pas décevoir, elles éviteront de prioriser les attentes individuelles.
  - demander de connaitre les attentes et les objectifs individuels peut être difficile, voire impossible : pour elles, les attentes doivent venir du groupe — et encore plus de l'autorité — et non de soi.
- L'opinion du groupe prime sur l'opinion individuelle pour les personnes issues d'une culture collectiviste. Ainsi, au moment de faire un tour de table, les opinions varieront peu d'une personne à l'autre.

Pistes d'intervention possibles

- Proposer des règles de fonctionnement claires dans le groupe, dont les conséquences aux manquements auraient avantage à être connues de l'ensemble des personnes du groupe pour favoriser la compréhension de ce mode de gestion, pour dépersonnaliser les conséquences et pour valoriser l'apprentissage à partir des erreurs.
- Prendre le temps de vérifier les raisons des retards, ce qui permet de les comprendre sous la loupe de la culture d'origine et d'expliquer ensuite le contexte de la culture d'accueil pour aider à la construction du sens.
- Favoriser l'approche de l'apprentissage par l'expérience. Accorder de l'importance à l'autoévaluation de tâches, à la divulgation des difficultés et des erreurs. L'apprentissage fait à partir des erreurs commises est également important et doit être valorisé.
- Accorder régulièrement de l'espace à la gaieté, à l'humour, aux rires qui créent l'ambiance. Cet apport affectif est essentiel et est vécu comme un sentiment d'être en famille ; il vient compenser le passé, au cours duquel la dimension sociale et éducative a été entravée en raison du parcours migratoire des personnes réfugiées (Dionne et al., 2022b).
- Organiser des exercices de productivité en équipe pour amener les personnes participantes à comprendre comment prendre soin de la relation tout en étant productives.
- Enseigner différentes façons de communiquer afin d'aider à :
  - composer avec l'idée de ne pas vouloir décevoir l'autorité ou le groupe.
  - répondre en tenant compte de ses préférences et de ses conditions individuelles.
- Valoriser l'expression des opinions individuelles et la richesse des différents points de vue.
- Exposer de grands cartons sur les murs et y inscrire les nouveaux mots appris dans leur contexte : l'acquisition du langage relié à un concept contribue à la maitrise progressive de ce dernier autant intellectuellement qu'affectivement (Dionne et al., 2022b).

Tableau 11. La famille dans la dimension « individualisme/collectivisme »

Différences culturelles	
Individualisme ←——————————————————→ **Collectivisme**	
Dans les cultures individualistes, la confrontation des opinions est considérée comme un des chemins vers la vérité ; le conflit est un élément normal de la vie familiale qu'il faut apprendre à gérer.	Dans plusieurs cultures collectivistes, la confrontation directe avec une autre personne est considérée comme grossière, car le maintien de l'harmonie dans son environnement est salutaire. La loyauté du groupe est un élément essentiel et implique un partage des ressources.
Dans la famille individualiste, on encourage les enfants à se faire leurs propres opinions et l'enfant qui ne fait que refléter les opinions des autres est considéré comme ayant moins de tempérament.	Dans la famille collectiviste, les enfants apprennent et adhèrent à l'opinion du groupe.
Une famille individualiste encourage les enfants à travailler un certain nombre d'heures pour se payer ce qu'ils souhaitent. Ainsi, leur absence à des évènements familiaux pour le travail est acceptée.	Les obligations envers une famille collectiviste sont aussi des rituels ; la présence aux fêtes familiales est d'une extrême importance.
Dans une culture individualiste, la communication est verbale, les conversations sociales sont nécessaires. Il y a peu de place pour les silences.	Dans une culture collectiviste, le fait d'être ensemble est suffisant en soi, il n'est pas absolument nécessaire de parler.
La culpabilité est un sentiment de nature individuelle. Elle sera ressentie par la personne que son acte soit connu ou non. C'est le respect de soi qui caractérise la société individualiste.	La honte est un sentiment de nature sociale (ne pas perdre la face). Si un membre d'un groupe a enfreint les règles, c'est le groupe tout entier qui aura un sentiment de honte, par le fait que cette infraction soit connue à l'extérieur du groupe.
Les membres d'une famille ont besoin d'avoir chacun un espace privé.	Les sociétés collectivistes créent des liens pseudo-familiaux. Ils peuvent vivre à plusieurs dans un même logement.

Éléments de considération pratique pour la formation de groupe en ISP et les rencontres individuelles

- Les personnes issues de cultures collectivistes ne refuseront pas une invitation directement. Elles utiliseront des moyens indirects pour décliner l'offre afin de préserver l'harmonie et la loyauté.
- Plusieurs comportements peuvent être expliqués par l'évitement de ressentir la honte comme ne pas avouer son erreur ou l'erreur de l'autre, ne pas être capable de répondre à une question, ne pas demander de l'aide pour comprendre et effectuer la tâche.
- Il est parfois difficile de comprendre que le travail prime sur les besoins de la famille.
- Dans le groupe et même en emploi, les personnes se nomment frères et sœurs quand ils se connaissent et les personnes plus âgées sont nommées : papa ou maman.
- Ils n'ont pas besoin d'avoir des espaces à eux, ils vivent très bien lorsque l'autre est très proche d'eux.

La famille dans la dimension « individualisme/collectivisme »

Pistes d'intervention possibles
• Prévoir des exercices de communication sur comment diffuser le message directement et leurs effets sur l'autre. Reconnaitre l'importance de la valeur d'harmonie même si les messages sont directs.
• Expliquer l'évolution du marché du travail pour donner un sens à la place du travail dans la société individualiste.

1.1.2 La dimension « distance hiérarchique » (ou le rapport à l'autorité)

La distance hiérarchique se présente comme la répartition du pouvoir attendue et acceptée par les individus dans une société. Les comparaisons basées sur la distance hiérarchique permettent d'expliquer ou de prescrire les modes de pensée et de comportement. Pour le Canada, Besson et Valitova (2021) précisent que l'autorité hiérarchique ne se manifeste pas automatiquement selon la culture, mais davantage selon les entreprises, et ce, en fonction de leurs objectifs à atteindre et de la stratégie à prendre. Une faible distance face à l'autorité est observable également dans les pays germaniques, scandinaves et anglo-saxons nordiques et l'Australie, entre autres. À l'autre extrême, la culture des pays latins et asiatiques, entre autres, se caractérise généralement par la présence d'une distance hiérarchique élevée[19].

Tout comme cela a été fait pour l'éducation, une synthèse des caractéristiques générales de la dimension distance hiérarchique se trouve dans un tableau ; des tableaux propres aux différences culturelles en éducation, en contexte d'emploi et dans la famille suivent, accompagnés d'éléments de considération pratiques et de pistes d'intervention.

Tableau 12. Caractéristiques générales de la dimension « distance hiérarchique »
(Agodzo, 2014; Hofstede, 1994)

Faible distance hiérarchique ⟵⟶	Forte distance hiérarchique
L'usage du pouvoir est légitime.	Le pouvoir est un fait fondamental de la société.
L'expression de ses idées est valorisée vis-à-vis la hiérarchie.	Se soumettre à la hiérarchie, respecter les règles, obéir à l'autorité est important ; l'autorité est valorisée et respectée inconditionnellement.
L'écart hiérarchique accorde une grande valeur au statut et au rang.	L'écart hiérarchique entre les individus est déterminé selon l'âge, la génération, le sexe et le statut.
Les relations interpersonnelles sont horizontales, d'égal à égal.	Les relations interpersonnelles sont verticales, une tendance hiérarchique et autoritaire est observable.

---

19 https://geerthofstede.com/culture-geert-hofstede-gert-jan-hofstede/6d-model-of-national-culture/

Tableau 13. L'éducation dans la dimension « distance hiérarchique »

Différences culturelles	
Faible distance hiérarchique ←————————————→	**Forte distance hiérarchique**
Le processus d'éducation est orienté vers les élèves, qui discutent avec les personnes enseignantes et expriment leur désaccord le cas échéant.	Le rapport hiérarchique fort entre la personne enseignante et l'élève témoigne d'une reconnaissance sociale du statut d'enseignant.
La qualité des apprentissages est considérée dépendre de plusieurs facteurs, notamment de la relation entre la personne enseignante et l'élève, les stratégies d'enseignement et d'apprentissage, les caractéristiques de la personne élève, etc. (Hattie et al., 2017).	La qualité des apprentissages est considérée dépendre presque exclusivement de l'excellence des personnes enseignantes.

Éléments de considération pratique pour la formation de groupe en ISP et les rencontres individuelles

- Les personnes immigrantes issues de cultures collectivistes ont tendance à se fier à la personne enseignante puisqu'ils la reconnaissent comme une experte.
- Au départ, les personnes réfugiées s'attendent à apprendre de la personne enseignante, donc à recevoir majoritairement des exposés magistraux. Pour plusieurs, les échanges de groupe ou les exercices d'équipe ne sont pas perçus comme des occasions d'apprentissage, mais davantage comme des moments pour appliquer des consignes données par la personne enseignante.
- Les personnes réfugiées issues de cultures où la distance hiérarchique est importante, s'attendent à ce que la personne enseignante prenne des moyens coercitifs devant des actions ou des comportements déviants.
- Dans un groupe composé majoritairement de personnes réfugiées issues de cultures où la distance hiérarchique est importante, une personne plus âgée peut être nommée ou implicitement identifiée comme le papa ou la maman du groupe ; son autorité sera importante et incontestable dans le groupe. Les plus jeunes du groupe démontreront un grand respect envers cette personne et pourraient éprouver des difficultés à la contredire ou à s'opposer à ses opinions. Les jeunes personnes conseillères pourraient au départ sentir qu'elles sont moins crédibles aux yeux de la personne ainée en question compte tenu de son peu d'expérience de vie ; le diplôme est toutefois une source de crédibilité. Si elle est ou a déjà été en couple, qu'elle a des enfants, cela peut aussi être reconnu comme un signe de maturité et contribuer à asseoir une forme d'autorité.

L'éducation dans la dimension « distance hiérarchique »

Pistes d'intervention possibles

- Rendre l'approche d'animation et les stratégies d'enseignement explicites.
- Expliquer la pertinence des différentes stratégies d'animation ou de pédagogie active comme le travail d'équipe, les expérimentations, les activités de réflexion, etc. :
  - Démontrer l'importance des apprentissages acquis à travers les interactions avec les collègues.
  - Nuancer le rôle de la personne enseignante et mettre en évidence ses autres rôles, en plus de transmettre un savoir.
- Communiquer aussi souvent que possible une rétroaction sur les compétences développées graduellement à travailler en équipe, à partager des opinions, etc. :
  - Valider les interactions dans le groupe.
  - Demander ce que les personnes retiennent de la discussion.
  - Saisir les occasions de discuter des différences entre la société d'origine et la société d'accueil afin de développer une meilleure compréhension de la société québécoise et de donner un sens à ces différences[20]. Discuter de ces thèmes lorsqu'ils émergent pendant les animations de groupe est pertinent puisque la mise en contexte déjà présente permet une réponse immédiate au besoin de comprendre et favorise une meilleure implication dans la réflexion.
  - Faire référence régulièrement à certaines valeurs du Québec[21] lorsque des sujets de discussion qui s'y prêtent sont abordés ; il devient alors plus facile de comprendre comment elles sont appliquées dans le quotidien et de réfléchir à la façon dont les personnes participantes les perçoivent et les situent par rapport à leurs propres valeurs pour en dégager un sens.

---

20 Voici quelques exemples : la diversité sexuelle, le rôle de la femme et de l'homme au sein du couple, de la famille, l'éducation des garçons et des filles, la place de l'homme et de la femme dans les postes de pouvoirs, l'acceptation des différences, la place de la religion dans leur vie et notre rapport à la religion, la place des ainées dans la société, la séparation et le divorce, la DPJ, la santé mentale, les accommodements raisonnables, le racisme, le placement, l'actualité quotidienne, etc.

21 Les valeurs québécoises : https://cdn-contenu.quebec.ca/cdn-contenu/immigration/publications/fr/GUI_Pratique_Valeurs_FR.pdf

Tableau 14. L'emploi dans la dimension « distance hiérarchique »

Différences culturelles	
Faible distance hiérarchique ⟵ ⟶	**Forte distance hiérarchique**
La personne ayant le rôle d'autorité est considérée comme une égale.	Les personnes supérieures et subordonnées se considèrent comme inégales.
Les rôles peuvent être modifiés : une personne subordonnée peut devenir un patron.	Les relations entre les personnes subordonnées et les personnes en position d'autorité sont souvent chargées d'affectivité.
Les personnes subordonnées s'attendent à être consultées.	Les personnes subordonnées s'attendent à ce qu'on leur dise quoi faire.

Éléments de considération pratique pour la formation de groupe en ISP et les rencontres individuelles

- Le respect de l'autorité peut signifier pour plusieurs des personnes issues de cultures où la distance hiérarchique est importante :
  - Suivre exactement ce qui est demandé en tout temps et ne pas remettre en question les directives devant un problème.
  - S'attendre à recevoir des indications précises sur le travail à faire et s'exécuter même si les tâches sont routinières, et ce, par respect pour l'autorité. Par conséquent, il serait irrespectueux de prendre des initiatives ou de faire autrement.
  - Ne pas s'adresser directement à l'autorité, en cours de travail, par peur de déranger. Par exemple, la personne peut attendre que l'autorité s'adresse à elle pour donner une seconde tâche à faire lorsqu'elle a terminé la première ; elle s'abstient de communiquer les problèmes rencontrés dans le cadre de son travail afin de ne pas déranger.
  - Ne pas se tourner vers un ou une collègue pour apprendre ou vérifier une information par crainte de ne pas respecter l'autorité.
- Il est plus difficile de porter une évaluation sur la qualité de son travail, car c'est l'autorité qui sait si son travail est bien fait.
- Dans le cadre d'un travail d'équipe, recevoir des consignes, des ordres ou des corrections sur l'exécution d'une tâche de la part d'un ou une collègue peut être une source de conflits, sauf si c'est l'autorité qui l'exige.

Pistes d'intervention possibles

- Discuter du rapport à l'autorité dans la culture d'origine des personnes réfugiées participantes et faire le lien avec le rapport à l'autorité de la culture d'accueil pour permettre une meilleure compréhension. La discussion sur les différences et les ressemblances de la vision, des moyens utilisés dans les pays d'origine et d'accueil facilite la reconnaissance de l'Autre et le rapport entre les deux cultures (Dionne et al., 2022b). Les personnes en présence développent plus de conscience, ce qui a un impact sur leur pouvoir d'agir.

L'emploi dans la dimension « distance hiérarchique »

- Modeler la notion de rapport à l'autorité dans la société d'accueil peut débuter par :
    - Demander les préférences et des suggestions le plus souvent possible. L'attitude de la personne enseignante envers les personnes participantes aidera celles-ci à comprendre la posture de l'autorité.
    - Rendre explicite l'expérience vis-à-vis de l'autorité. Demander, par exemple, d'expliquer la différence de réaction face à certaines problématiques en emploi entre la personne responsable des ressources humaines de la société d'origine et celle de la société d'accueil.
    - Lors des travaux d'équipe, attribuer des rôles aux personnes participantes comme celui du contrôle du droit de parole, de la qualité, des consignes, de l'exécution et de la direction. Le but est de leur faire vivre les différents rôles et de développer des stratégies de communication.

Tableau 15. La famille dans la dimension « distance hiérarchique » *(Agodzo, 2014 ; Hofstede, 1994 ; 2011)*

Différences culturelles	
Faible distance hiérarchique ⟵⟶	**Forte distance hiérarchique**
Les enfants sont considérés comme des égaux dès qu'ils sont capables d'agir.	Les enfants doivent obéir aux parents et les plus jeunes aux personnes plus âgées, que ce soit dans la famille ou non.
L'éducation des parents a pour objectif de laisser l'enfant prendre le contrôle de ses propres affaires, de faire ses propres expériences, d'apprendre à dire non et d'acquérir une certaine indépendance.	Les parents enseignent l'obéissance aux enfants. L'indépendance n'est pas encouragée et le respect des parents est une vertu fondamentale. L'autorité parentale joue un rôle tant que les parents sont en vie.
La relation parent/enfant devient une relation d'égalité.	Le père a la responsabilité de protéger sa famille et sa conjointe, et il en a l'autorité.
Le sexe des enfants n'est généralement pas utilisé comme critère de distinction hiérarchique au sein d'une fratrie.	Les tâches et les responsabilités de la vie en famille sont attribuées selon le sexe de l'enfant et de son rang dans la famille.

Éléments de considération pratique pour la formation de groupe en ISP et les rencontres individuelles

- Lors de la prise de décision, la personne réfugiée issue d'une culture où la distance hiérarchique est importante veut souvent consulter sa famille puisque son parent sait ce qui est bon pour elle. Elle veut répondre aux attentes de son entourage de sa famille, de sa communauté.
- L'emploi est très important pour subvenir aux besoins de la famille.
- Les besoins de la famille sont priorisés devant les autres sphères.
- En plus d'accompagner les enfants, un parent peut aussi accompagner l'autre parent lors des rendez-vous médicaux, même s'il doit manquer le travail.
- Le conjoint peut accompagner sa conjointe lors de la première rencontre individuelle en vue de la protéger, de s'assurer que c'est bon pour elle et, dans certains cas, de décider pour elle. Il peut vouloir intervenir auprès de la personne responsable des ressources humaines s'il y a un problème.

Pistes d'intervention possibles

- Reconnaitre le rôle de chaque personne dans sa famille et les valeurs qui y sont dominantes.
- Différencier les implications de la vie privée (famille, amitié, etc.) de celles publique (professionnelle) et mettre en évidence les conséquences de ces implications sur le travail.
- Réfléchir avec les membres du groupe aux impacts de manquer du travail pour accompagner les enfants même quand l'autre parent est disponible.
- Accepter la présence du conjoint ou du parent lors de rencontres individuelles.

1.1.3 La dimension « masculinité/féminité » (ou les rôles sociaux de genre)

Dans son modèle, Hofstede présente les rôles de genres qui distinguent les cultures individualistes et collectivistes en leur attribuant des caractéristiques dites féminines ou masculines. Ces caractéristiques – comme l'attribution de la modestie, de la tendresse et de la générosité aux femmes ou de l'affirmation et de l'importance accordée à la réussite matérielle aux hommes – s'appuient sur une naturalisation du genre qui est largement contestée dans les travaux récents sur les rôles sociaux de genre (p. ex., Doray et al., 2020; Giguère et al., 2020). L'équipe de rédaction de cet ouvrage a également une posture très critique vis-à-vis d'une telle vision naturaliste du genre. Il est toutefois important de noter que l'attribution des rôles sociaux selon le genre peut avoir un impact sur le parcours d'ISP des femmes réfugiées. Le traitement de cette dimension, ici, permet donc de faire un appel à la vigilance à toute personne conseillère : celle-ci ne devrait pas perdre de vue qu'elle « ne rencontre pas une culture, mais des individus et des groupes qui mettent en scène une culture » (Cohen-Émérique, 1993, p. 72).

Selon certaines valeurs culturelles et religieuses associées au patriarcat (Castro Zavala, 2013) que l'on peut observer chez plusieurs personnes réfugiées, c'est à la femme qu'incombe la responsabilité de préserver l'unité familiale, d'assumer les tâches domestiques et de s'occuper des enfants. Ce rôle a un impact sur la répartition des charges domestiques et peut constituer un obstacle supplémentaire à l'ISP pour ces dernières. En plus du poids de ces activités, ces femmes sont sujettes à une surcharge mentale qui peut être accentuée par l'ensemble des défis précédemment mentionnés. À cela s'ajoute la question des grossesses (parfois non planifiées) qui peuvent entrainer une suspension de leur parcours d'intégration professionnelle (Dionne et al., 2022b).

Dans certaines cultures, la différence de genre se traduit également sur le plan de l'importance accordée à la parole des hommes au détriment de celle des femmes ou des personnes non binaires. Il est important pour la personne conseillère d'être informée de ce fait pour comprendre, par exemple, qu'un homme puisse répondre à la place de sa femme lors d'une rencontre d'ISP. Cela implique de la personne conseillère, par exemple, un ajustement de ses attentes influencées par ses propres valeurs culturelles quant aux rôles associés au genre. Dans l'exemple donné, une compréhension adéquate de la spécificité culturelle pourrait aider la personne conseillère à inciter délicatement la femme à s'exprimer sans pour autant offusquer son mari. Il faut également considérer que certaines contradictions, voire conflits, émergent dans les couples et dans les familles de certaines personnes réfugiées lorsque celles-ci adhèrent au principe d'égalité prônée – bien que non atteint – au Québec et au Canada (ex. Castro Zavala, 2013).

Dans un contexte d'intervention qui implique le dialogue des cultures, il est nécessaire de discuter ouvertement des questions de genre, qui ont d'ailleurs été aussi utilisés historiquement comme sources de discrimination des populations réfugiées, et plus largement immigrantes (Bilge, 2010). L'intervention en orientation constitue un moment privilégié, dans le non-jugement, pour discuter des différentes conceptions des rôles sociaux de genre et pour amener l'ensemble des membres du groupe à s'exprimer sur des enjeux qui les touchent. De plus, le cadre de l'accompagnement en orientation et en ISP peut constituer un espace privilégié pour discuter des représentations associées au genre qui constituent des limites aux possibilités professionnelles des femmes ou des hommes (Dionne et al., 2020). Sous l'emprise de ces représentations, des personnes réfugiées peuvent s'empêcher d'explorer certaines pistes professionnelles, voire rejeter d'emblée certains emplois sans même prendre le temps de les découvrir.

Compte tenu de tous les travaux produits sur les rôles sociaux de genre depuis la création du modèle de Hofstede (p. ex., Doray et al., 2020; Giguère et al., 2020), l'équipe de rédaction de cet ouvrage a fait le choix de ne pas présenter de tableau où masculinité et féminité sont opposées. Des éléments de considération pratique et des pistes d'intervention sont néanmoins résumés dans le tableau qui suit afin d'outiller les personnes conseillères qui seraient confrontées à des personnes réfugiées issues d'une culture valorisant cette opposition fondée sur le sexe.

Tableau 16. Impacts potentiels sur la pratique de la dimension « masculinité/féminité »
(Agodzo, 2014; Hofstede, 1994)

Éléments de considération pratique pour la formation de groupe en ISP et les rencontres individuelles
• Lors de la prise de décisions, la femme réfugiée peut vouloir consulter son mari pour obtenir un accord explicite avec son projet ou l'un de ses volets.
• Dans le groupe, des rapports de pouvoir liés aux rôles sociaux de genre peuvent influencer les prises de parole ou l'importance accordée à certaines prises de parole au détriment d'autres (hommes vs femmes).
• Les responsabilités familiales peuvent créer une surcharge pour les femmes, entrainant chez celles-ci une fatigue qui peut se ressentir dans le groupe et en emploi.
• La gestion de la santé et de l'éducation des enfants peut mener à des absences aux rencontres de groupe ou individuelles.
• La perspective d'exercer un métier ou emploi non traditionnel est parfois difficile à envisager et peut créer des surprises dans l'intervention : « Ah oui ? Une femme ou un homme peut faire cela ?
• Une perspective dite traditionnelle de la famille et des relations de couples (de facto hétérosexuelles) peut créer des discussions vives dans l'intervention lorsque l'on fait référence à d'autres modèles ou à d'autres possibilités.

Pistes d'intervention possibles
• Encourager les discussions sur les valeurs homme-femme partagées peut faciliter l'ouverture à discuter de sujets potentiellement plus polémiques comme la valeur d'égalité femmes-hommes.
• Avec le groupe ou individuellement, aborder les attentes par rapport à la reconnaissance de la valeur de la prise de la parole de chaque personne du groupe.
• Ouvrir une discussion sur l'histoire de la valeur d'égalité femmes-hommes au Québec et au Canada. Demander aux personnes participantes comment se manifestent les rapports entre les hommes et les femmes dans leur culture d'origine. Si l'alliance de travail le permet, faire des nuances entre les sphères publiques et privées.
• Discuter de la sensibilité de cet enjeu pour certaines personnes avec lesquelles elles vont éventuellement travailler.
• Discuter des attentes en emploi si la personne responsable des ressources humaines ou superviseure n'est pas du même genre. Utiliser des capsules vidéo pour informer les personnes participantes des enjeux relatifs à la diversité sexuelle et de genre.

Impacts potentiels sur la pratique de la dimension « masculinité/féminité »
(Agodzo, 2014 ; Hofstede, 1994)

- Reconnaitre et partager les moyens déployés par les personnes participantes pour atteindre, au sein de leur couple, un partage des tâches favorisant l'ISP de chacune des deux personnes.
- Lorsqu'une personne réfugiée fait une intervention qui s'inscrit dans une vision inégalitaire des hommes et des femmes, accueillir avec respect et empathie cette proposition puis la mettre en discussion avec la norme d'égalité déjà discutée antérieurement.

1.2 Comprendre les différences culturelles selon le modèle de Hall

Un autre modèle théorique permettant d'aborder les différences culturelles que celui de Hofstede est proposé par Hall. Pour comprendre ces différences, Hall prend en considération deux dimensions : l'une temporelle et l'autre contextuelle. La dimension temporelle permet de mieux comprendre la perception du temps des personnes selon leur culture; celle relative au contexte fait partie intégrante de la communication interculturelle. Elles font l'objet des prochaines sections.

1.2.1 Le rapport au temps

Dans le modèle de Hall (1976), le temps est défini selon deux perspectives différentes : sa *répartition* ou son *découpage*. Les individus qui organisent le temps par la *répartition* des activités auraient plus tendance à faire une chose à la fois. Ces personnes sont considérées comme ayant une culture monochronique. En revanche, celles qui *découpent* le temps auraient davantage tendance à faire plusieurs choses en même temps. Ces dernières sont considérées comme ayant une culture polychronique[22]. Le processus de répartition ou de découpage inclut également une dimension spatio-temporelle, dans la mesure où les activités se déroulent dans un espace donné, dans un environnement qui en définit le mode de fonctionnement. Le modèle (Hall et Hall, 1990) décrit de plus le temps selon un ensemble de caractéristiques qui comportent plusieurs variations selon les cultures : le rythme, l'exactitude, les délais de mise en œuvre et de réalisation, le choix du moment, le flux d'information, la vitesse de transmission des messages, la chaîne d'actions, de même que la perception du passé, du présent et du futur. Brown (2007) fait dans le même sens référence à la valeur du temps présent, selon laquelle les personnes ont tendance à vivre dans le moment présent. Il est parfois difficile pour ces personnes de se projeter dans le futur, car elles peuvent considérer avoir peu de contrôle sur l'avenir.

La suspension de la projection dans l'avenir est particulièrement saillante chez les personnes qui ont vécu l'expérience des camps de réfugiés, où la vie est orientée vers la survie quotidienne (Massengale et al., 2020). De ce fait, une personne réfugiée qui se retrouverait dans un pays où le temps est perçu et géré différemment de son mode de *rapport au temps* pourrait rencontrer des difficultés à s'organiser et à fonctionner conformément aux exigences de la société d'accueil. Cela nécessiterait énormément d'apprentissages pour comprendre les nouvelles règles de fonctionnement, les intégrer et se les approprier.

---

22 Pour connaitre la classification des pays, visiter le site web **http://geerthofstede.com/culture-geert-hofstede-gert-jan-hofstede/6d-model-of-national-culture/**

Tableau 17. Caractéristiques générales du rapport au temps (Hall et al., 1984, 2014)

Temps monochronique ⟷	Temps polychronique
Le temps gère les sphères de vie : temps pour le travail, pour la formation, pour la famille, etc. ; il est organisé en fonction dans la perspective de réaliser une activité à la fois. Il détermine et coordonne les actions avec précision (p. ex., le temps de discussion).	À l'intérieur d'une activité spécifique, il est possible de laisser une sphère de vie pour s'occuper d'une autre (multitâche)[23]. L'accent est mis sur l'activité globale : il n'y a pas de séparation entre le temps de travail, de formation, de famille.
Le fait de garder sa concentration sur sa tâche est important.	Les interruptions dans les tâches sont acceptées.
Il faut adopter un rythme rapide pour être efficace, car il est possible de manquer de temps.	Le temps est une ressource illimitée.
Il importe de respecter les horaires préétablis, les délais, les demandes selon un échéancier prédéterminé.	Devoir arrêter de parler, même si le sujet n'est pas clos, ou devoir arrêter une activité, même si elle n'est pas terminée, est incompréhensible. L'importance est accordée au fait de mener à terme ce qui a été commencé.
	La personne qui adopte une vision du temps polychronique peut changer de plan selon le moment.
Si l'autre n'a pas le temps de répondre à une question, c'est généralement acceptable.	Si l'autre n'a pas le temps de répondre à une question, cela peut être perçu comme de l'impolitesse.
La personne arrive à son travail, elle s'installe et elle commence à travailler en accomplissant chacune des tâches l'une après l'autre.	La personne arrive à son travail et avant de se mettre à la tâche, elle va discuter avec les gens sur des sujets qui peuvent concerner le travail ou non.
Plusieurs relations ont tendance à se développer à court terme dans le cadre d'une activité précise. Certaines peuvent être vécues dans les autres sphères de vie.	Les relations sont privilégiées à long terme. Elles peuvent se créer dans une sphère de vie et se développer dans les autres sphères.
Le temps est concret et défini selon la tâche. Le découpage des activités permet de se centrer sur une chose à la fois, mais peut amener une perte de sens lié au contexte global.	La personne décide de son temps selon les besoins du moment et selon le contexte.
Les décisions sont prises en fonction des implications à moyen et à long terme.	Les décisions sont prises en fonction des implications à court terme.
La ponctualité est exigée.	La personne prend quelques minutes à quelques heures de plus pour se préparer ou pour finir sa tâche.
Le rendez-vous est organisé.	Le rendez-vous a peu d'importance puisqu'il y a peu d'horaires. L'important est de terminer ce qui est commencé.

---

23 Dans ce contexte, le terme « multitâches » fait référence à plusieurs actions pendant une seule activité.

Caractéristiques générales du rapport au temps (Hall et al., 1984, 2014)

Le temps est une source de stress importante.	Le temps ne gère pas la vie et n'est pas stressant.
L'information est compartimentée et demande du temps à être transmise.	L'information est diffusée librement et rapidement dans le groupe de pairs. Elle peut être limitée entre les groupes extérieurs.

Éléments de considération pratique pour la formation de groupe en ISP et les rencontres individuelles

- Puisqu'il n'y a pas de séparation dite étanche entre les sphères de vie, les relations entre les personnes conseillères et les personnes réfugiées peuvent être perçues par ces dernières comme des amitiés ou des relations familiales. Les personnes réfugiées vont inviter les personnes conseillères à leurs fêtes, à leur mariage. Si la personne conseillère refuse, cela peut être perçu comme un rejet.
- Les personnes réfugiées sont généralement concentrées et gardent le même rythme toute la journée. Prendre le temps pour bien exécuter une tâche est prioritaire, et ce, au détriment de la productivité. Pourtant, plusieurs commentaires des ressources humaines de l'entreprise soulignent que les personnes réfugiées semblent plus lentes dans l'exécution des tâches, mais qu'à la fin d'une journée, elles ont fait autant de travail que quelqu'un de rapide.
- La réponse aux besoins de sa famille et de ses amies et amis est une priorité. La personne organisera son temps en fonction des besoins du contexte, ce qui peut créer des retards et des absences.
- Les possibilités de concevoir le futur peuvent être difficile au début de l'intervention, car les personnes réfugiées ont vécu plusieurs défis (cf. Première partie 1) les amenant à vivre davantage dans le présent.

Pistes d'intervention possibles

- Expliquer que le temps pour la vie de famille, pour les amies et amis, et pour le travail est séparé. Préciser que les limites sur le plan des sphères de vie sont un élément culturel afin de ne pas personnaliser le refus d'aller à une fête ou de répondre à une invitation qui relève de la sphère privée.
- Avoir une discussion autour des « avantages » du rapport au temps (p. ex., la ponctualité par rapport au temps accordé à une personne proche dans le besoin) dans les différentes cultures; faire valoir l'importance de comprendre les exigences et les attentes culturelles québécoises en rapport avec le temps pour se maintenir en emploi.
- Démontrer le sens de la productivité, du rendement et de l'efficacité en lien avec les exigences de la société et le marché du travail, tout en accordant de l'importance aux relations :
  - Effectuer des exercices de rapidité et de minutie afin que les personnes participantes puissent gérer les deux exigences.
  - Expliquer les raisons des rendez-vous et l'importance du respect de ceux-ci.
  - Lorsque la situation convient, utiliser l'absence ou le retard d'une personne pour aider le groupe à réfléchir sur l'acceptabilité ou non de la raison en contexte d'emploi.

Caractéristiques générales du rapport au temps (Hall et al., 1984, 2014)

> • Construire graduellement la perspective du futur des personnes réfugiées à travers un processus de reconnaissance de leurs qualités, de compréhension des opportunités du marché du travail et d'expérimentation de leurs compétences en stage. Comme l'accompagnement en orientation exige de se projeter dans le temps, cette tâche peut demander un accompagnement spécifique de plus longue durée.

1.2.2   Le rapport au contexte

Selon Hall et Hatchuel (1987), le rapport au contexte est essentiel à considérer pour comprendre les défis de la communication interculturelle : « la signification des mots et des phrases dépend du contexte dans lequel ces derniers sont exprimés[24] ». Pour définir le contexte, qualifié de fort et de faible, Hall et Hatchuel font référence aux informations disponibles dans l'environnement lors des relations interpersonnelles. Dans un contexte fort, les informations sont préprogrammées ou implicites et sont spécifiques au destinataire et au milieu ; le message transmis comporte un minimum d'informations. Lors de communications à contexte faible, les informations transmises compenseront les lacunes du contexte ; dans ce cas, elles seront explicites et abondantes.

Les auteurs précisent que le rapport au contexte a une connotation culturelle. En effet, la représentation qu'une personne se fait d'un objet de communication, ou la perception qu'elle en a, dépend du jugement porté sur le contexte de cet objet de communication et de la signification donnée à ce contexte. Les faits observés affectent aussi cette représentation, qui varie selon la culture d'origine, l'expérience, la connaissance de certaines règles implicites où les mots seuls ne suffisent pas pour se comprendre. Rive et Roger (2014) mentionnent d'ailleurs que le manque de compréhension dans les contacts interculturels est souvent lié aux types de contextes, forts ou faibles. Une personne de culture X peut avoir tendance à comprendre, à interpréter ce qu'elle voit ou entend dans un contexte culturel Y en se basant sur ses propres stéréotypes culturels. C'est à ce moment qu'elle peut véritablement en avoir conscience puisque « [l]es systèmes de conduite sont trop complexes et les règles qui régissent le comportement et la structure de son propre système culturel ne peuvent être découvertes que dans un contexte spécifique, dans une situation réelle » (Hall, 1976, p. 56).

Pour améliorer la compréhension dans le cadre de relations interculturelles, il importe de chercher à s'ouvrir à une autre signification de l'objet de communication, ce qui s'avère possible en remettant en question son interprétation à partir de sa propre culture[25]. Imaginons une interaction entre des individus dont les références sont reliées à deux contextes différents, l'un faible, l'autre fort. L'individu situé dans un *contexte faible* pourrait avoir l'impression de manquer d'information et penser que la personne devant lui, située dans un *contexte fort*, ne dit pas tout. À l'inverse, l'individu situé en contexte fort peut se sentir envahi par son interlocuteur, qui transmet beaucoup trop d'informations ; il ne peut alors se centrer que sur l'essentiel de ce qu'il a compris et ne pas saisir tous les détails.

---

24 Les théories d'Edward T. Hall — Institut für Romanistik (uni-giessen.de), consulté le 15-07-2022

25 Nous développons cette action dans la partie 3 qui traite du développement des compétences interculturelles.

La maitrise de la langue ne constitue donc pas l'unique obstacle lors d'une situation de communication interculturelle. Le contexte y joue un rôle important : il contient une diversité de significations, en plus des perceptions conscientes et inconscientes des individus qui interprètent leur univers. Dans le cas des personnes réfugiées, en plus des problèmes d'expression et de compréhension, les divergences en lien au contexte peuvent constituer un défi supplémentaire dans la communication. L'expression « remettre les choses dans son contexte » devient alors déterminante et sa mise en œuvre implique des compétences interculturelles solides, du moins chez les personnes conseillères auprès de cette population.

Comme dans les sections précédentes, les caractéristiques générales du rapport au contexte sont synthétisées dans un tableau ; elles sont suivies d'un tableau portant sur les modes de communication, lequel inclut des éléments de considération pratique et des pistes d'intervention.

Tableau 18. Caractéristiques générales du rapport au contexte (Hall et al., 1987, 2014)

Contexte faible ←	→ Contexte fort
Dans le contexte faible, l'information est abondante ; pour cette raison, elle est triée, organisée et présentée clairement et précisément.	Dans le contexte fort, l'essentiel de l'information est issu des relations interpersonnelles : les individus sont bien informés, et entretiennent de larges réseaux d'information pour assurer leur pleine connaissance des derniers développements.
Les règles et les contrats sont explicites.	Les règles et les contrats sont implicites.
Le temps est monochronique et structuré.	Le temps est polychronique et flexible.
Les personnes en contexte faible sont plus réservées en public, contrairement à la vie familiale où les relations sont plus chaleureuses et amicales.	Les personnes en contexte fort prendront soin, en début de rencontre, de s'informer de son interlocuteur, de sa famille, de parler de tout et de rien, elles cherchent d'abord à entrer en contact.
Les nouvelles personnes peuvent être rapidement intégrées au groupe.	Il y a une forte distinction entre membres et non membres d'un groupe.

Tableau 19. Caractéristiques générales des modes de communication selon le contexte
(Hall et al., 1987, 2014)

Contexte faible Communication directe	Contexte fort Communication indirecte[26]
Cette communication va directement au but à atteindre.	Cette communication vise d'abord à entrer en relation pour préserver l'harmonie et ensuite discuter du but.
La communication vise à transmettre le plus d'information possible avec clarté pour ne pas laisser place à l'interprétation, à l'ambiguïté, au double sens.	Au moment de communiquer, il peut y avoir des allusions, des suggestions, des intentions ou des sous-entendus, ce qui peut laisser place à l'interprétation.
Cette communication directe permet :	Cette communication indirecte permet :
· de nommer une réalité même si elle est considérée comme gênante ou embarrassante. · d'avouer la méconnaissance ou la difficulté. · de prioriser une réponse directe même si elle peut heurter.	· de nommer des aspects essentiels de la situation, par rapport à une réalité considérée comme gênante ou embarrassante. · d'éviter l'humiliation lorsqu'il n'y a pas de réponse précise à apporter à un questionnement ou de dissimuler une difficulté. · de minimiser une réponse directe qui pourrait heurter. · d'agir avec politesse ainsi que dans le respect de l'autre et de la vie en communauté pour faire une demande ou une rétroaction.

Éléments de considération pratique pour la formation de groupe en ISP, les rencontres individuelles et en milieu de travail

- L'établissement d'une relation avec l'autre s'amorce d'abord en parlant de tout et de rien, il est important de s'intéresser à la personne avant d'entrer dans le vif du sujet.
- Trop d'explications ou de détails peuvent créer plus de confusion que de compréhension.
- Lorsqu'il y a de l'incompréhension des consignes ou d'une situation, cette difficulté est généralement attribuée au fait de ne pas comprendre la langue, ce qui s'avère générale-ment. Dans plusieurs situations toutefois, c'est aussi la mise en contexte du concept qui doit être considérée pour que la personne réfugiée puisse mieux comprendre. En effet, dans son pays d'origine, le concept traité peut être totalement absent, et la personne n'a aucun point de repère auquel elle peut se référer.
- Puisque les personnes québécoises (contexte faible) communiquent directement en allant droit au but, les personnes de contexte fort peuvent se sentir bousculées et même inter-préter les propos comme un reproche, un manque d'intérêt pour soi, voire un manque de respect.

---

26 Site https://gestion-des-risques-interculturels.com/risques/la-communication-indirecte-exemples-observations-et-reflexions/, consulté le 15 juillet 2022

Caractéristiques générales des modes de communication selon le contexte

(Hall et al., 1987, 2014

- À l'inverse, lorsque les personnes de contexte fort communiquent, les personnes en contexte faible peuvent chercher à comprendre plus rapidement le message en ayant l'impression que les personnes en contexte fort ne répondent pas à la question, qu'elles cherchent à cacher quelque chose, qu'elles ne disent pas la vérité.

- Les personnes en contexte fort accordent une grande loyauté au groupe, les liens entre les membres sont très forts et chacun tente de maitriser constamment ses émotions, car l'appartenance au groupe prime sur l'expression de soi. La préservation d'une relation harmonieuse oblige les personnes qui parlent à certains détours dans l'expression, à masquer leur intention première derrière une intention seconde, à ne pas se mettre en avant de leur discours, mais bien en retrait. Lorsqu'on leur demande ce qu'elles pensent, elles ne seront pas portées à le révéler pour préserver la coopération.

- En donnant des parties de message, la personne qui parle cherche à connaitre l'opinion de celle à qui elle s'adresse, ce qui lui permet d'ajuster son message. Elle peut communiquer en tergiversant pour ne pas blesser l'autre, ce qui laisse place à la suggestion et à l'interprétation.

- Les personnes provenant du contexte fort peuvent, dans certaines situations, expliquer allègrement et omettre des détails du contexte. Elles attendent de leur destinataire qu'il ou elle comprenne sans que tous les détails soient explicites.

- En milieu de travail, si une personne en autorité provenant d'un contexte faible demande à la personne employée provenant d'un contexte fort (en l'occurrence, une personne réfugiée) si elle a compris, elle se verra répondre assurément « oui », même si elle perçoit que c'est l'inverse. Deux explications sont possibles à ce constat : 1) la personne réfugiée répond par l'affirmative, car elle a réellement compris l'essentiel de l'information à partir de sa propre culture sans avoir tous les détails ; 2) la personne réfugiée répond par l'affirmative parce qu'elle ne peut pas dire qu'elle n'a pas compris : ce serait pour elle, implicitement, un grand manque de respect de prétendre que la personne qui lui a expliqué donne des explications, erronées, incomplètes, etc.

- Au travail, une personne provenant d'un contexte faible peut trouver ardu de travailler avec des collègues provenant du contexte fort puisque ces derniers vont prendre le temps d'entrer en relation avant d'aborder le sujet ou avant de commencer à travailler, ce qui peut être difficile à décrypter.

- Les personnes en emploi en contexte fort sont habituées à de multiples interruptions dans leur planification ; cette grande flexibilité a un impact sur le respect d'une planification, sur les priorités à définir et sur les décisions à prendre pour faire des changements.

- Les personnes en contexte fort ont une très grande loyauté envers leur entreprise, elles ont besoin de développer des liens au sein de l'entreprise ; l'idéal pour elles serait d'avoir fréquemment des moments de discussion avec le personnel qui les entoure.

Caractéristiques générales des modes de communication selon le contexte
(Hall et al., 1987, 2014

- En considérant le modèle de Hall et notre expérience de recherche et d'intervention avec les personnes réfugiées provenant d'un contexte fort, les valeurs les plus importantes en emploi pour les personnes réfugiées se résument à l'harmonie, la coopération, le respect de la vie familiale et de la foi, l'aide mutuelle et les contacts entre collègues, en plus de la rémunération et de la sécurité de l'emploi.

Pistes d'intervention possibles

- À chaque rencontre, prendre quelques minutes avec la personne réfugiée pour lui demander comment elle va et comment va sa famille, pour favoriser l'alliance de travail et la relation humaine.
- Tenter, le plus possible, de discuter du contexte de la culture d'origine et de celui de la culture d'accueil pour amener la personne réfugiée à reconnaitre les différentes compréhensions et interprétations possibles. Lui demander, par exemple : « Si tu étais dans ton pays d'origine, comment expliquerais-tu cette situation ? » ou « Comment agirais-tu si tu étais dans ton pays d'origine ? » Diriger ensuite l'échange vers les différences et les similitudes avec le pays d'accueil : « Et ici, qu'est-ce qui est différent ? » « Et ici, comment doit-on agir ? ». Le fait de mettre le pays d'origine en écho au pays d'accueil a un impact sur l'identité de la personne réfugiée, car l'accueil de l'autre aide à sa construction.
- Saisir les occasions de discuter de différents contextes de la société d'accueil afin d'élargir la compréhension.
- S'appuyer sur des mises en situation pour susciter la discussion sur différents contextes reliés au travail.
- Organiser des visites d'entreprise, des stages de quelques jours afin que les personnes réfugiées puissent se représenter l'environnement, l'ambiance, la nature des relations, les tâches, le rythme de travail, etc.
- Développer des mises en situation axée sur les façons de communiquer en intégrant différents contextes de la culture d'accueil.
- Recevoir les invitations avec plaisir ; avant de répondre, s'attarder à l'intention de conserver le lien, en ne disant pas non directement, par exemple.

Troisième Partie
L'intervention interculturelle

En addition aux informations précédentes sur les différences culturelles, nous proposons dans cette partie quatre repères théoriques et pratiques pour le développement des compétences interculturelles des personnes susceptibles d'intervenir avec des personnes réfugiées faiblement scolarisées et, plus largement, des personnes d'autres cultures. Ces repères nous semblent incontournables dans l'intervention en orientation et en counseling pour développer des savoir-agir ; ils concernent : la posture interculturelle, les attitudes et les compétences interculturelles, l'intervention interculturelle et l'orientation en fonction de repères culturels.

1
La posture interculturelle

Les repères sur la posture interculturelle s'organisent à partir d'un cadre qui permet de mieux comprendre l'intégration à partir des stratégies d'acculturation et des stratégies identitaires. Tout au long de cette section, des exercices réflexifs sont proposés afin de donner l'occasion aux personnes conseillères de se situer personnellement et professionnellement à partir de leurs perceptions et de leur positionnement en contexte interculturel.

Pour une personne conseillère, la connaissance des stratégies potentiellement mises en œuvre par les personnes réfugiées faiblement scolarisées permet de mieux situer les processus d'acculturation de celles-ci et offre un angle d'éclairage pertinent à son intervention en contexte interculturel. Il nous semble ainsi à propos de présenter les stratégies d'acculturation de Berry et Sam (1997) et les stratégies identitaires de Camilleri, 1990 (repris par Amin, 2012), qui fournissent des balises pour comprendre et expliquer les conduites des personnes réfugiées dans de multiples situations de transition.

1.1   Les stratégies d'acculturation

Selon Sabatier et Berry (1994), l'acculturation se définit comme « un changement dans la culture qui résulte du contact entre deux groupes culturels autonomes et distincts » (p. 275). Les stratégies d'acculturation font partie intégrante de la connaissance de soi de la personne réfugiée dans son contexte. Elles permettent à la personne conseillère d'avoir accès à des indicateurs pour l'évaluation initiale et d'ajuster sa conception de l'intervention, puis de réaliser une évaluation continue. Ces stratégies peuvent également fournir des indications sur les conséquences positives et négatives auxquelles une personne réfugiée peut faire face selon la ou les stratégies qu'elle privilégie. Une réflexion s'impose ainsi chez les personnes conseillères qui accompagnent les personnes culturellement différentes afin de mieux se situer en leur présence. Cette réflexion pourrait être guidée par les questions qui suivent.

Berry (2001, 2000) définit la réponse à la complexité des facteurs en jeu par le recours à plusieurs stratégies d'acculturation. Il en identifie précisément quatre :

Exercice réflexif 1 :
Les stratégies d'acculturation

Quel est mon niveau d'aisance dans des relations interculturelles ? Ai-je beaucoup ou peu de connaissances ? Quels sont mes présupposés et quelles sont mes croyances envers certains groupes ethnoculturels ?

Quelle est mon intention lorsque j'accompagne, par exemple, des personnes réfugiées faiblement scolarisées et provenant de cultures différentes de la mienne ?

Quelle est ma vision de l'intégration à la société d'accueil pour les personnes réfugiées ?

1. **Intégration :** Cette stratégie se manifeste par le maintien de la culture et de l'identité d'origine tout en ayant aussi des contacts avec la société d'accueil. La personne peut alors effectuer un métissage des valeurs de sa culture d'origine avec celles de la société d'accueil. Selon Berry et Hou (2021), cette stratégie favorise le sentiment d'appartenance et contribue au bien-être des personnes réfugiées;

2. **Assimilation :** Cette stratégie consiste à abandonner l'identité et la culture d'origine et à chercher à établir des relations avec la société d'accueil. La personne adopte alors la culture de la société d'accueil au détriment de sa culture d'origine;

3. **Séparation-ségrégation :** Cette stratégie est mise en œuvre lorsqu'une personne cherche à conserver son identité et sa culture d'origine tout en évitant volontairement des interactions ou des relations avec la société d'accueil. Si cette absence de relation avec la société d'accueil est imposée par cette société elle-même, on parlera davantage de « ségrégation »;

4. **Marginalisation et exclusion :** Il s'agit d'une perte de son identité culturelle sans possibilité d'établir des interactions ou des relations avec la société d'accueil. Ces situations, jugées dysfonctionnelles pourraient être le résultat de discrimination et d'exclusion à l'égard de la personne réfugiée.

Connaitre ces quatre stratégies d'acculturation vise deux objectifs. Premièrement, la personne conseillère peut s'appuyer sur celles-ci pour colliger des indications sur la perception des personnes réfugiées vis-à-vis de leur propre processus d'acculturation. Lors de l'évaluation, ces indications permettront ensuite à la personne conseillère d'intervenir sur l'identité des personnes réfugiées. Deuxièmement, leur connaissance soutiendra le développement de la conscience de soi des personnes en interaction tout en facilitant l'identification de possibles croyances rationnelles ou irrationnelles et la présence d'attentes explicites ou implicites de part et d'autre.

L'exercice suivant comprend deux étapes (A et B) et vise les deux objectifs ci-haut mentionnés. De plus, il favorise une pratique réflexive visant le développement des compétences interculturelles. D'une part, ce questionnement assura une réflexion sur les stratégies d'acculturation déployées par les personnes réfugiées et d'autre part, l'identification de la stratégie d'acculturation retenue permettra de s'approcher ou de s'éloigner d'une visée intégrative. Par ce fait même, cette identification influence la posture et l'intervention des personnes conseillères.

Exercice réflexif 2 :
Les stratégies d'acculturation (Berry et Sam, 1997)

Étape A :
Répondez spontanément aux questions A1, A2, A3, A4.

A1. Est-il important de conserver son identité et ses caractéristiques culturelles ?
- ❑ Oui
- ❑ Non

A2. Trouvez-vous acceptable que les personnes réfugiées conservent leur héritage culturel ?
- ❑ Oui
- ❑ Non

A3. Est-il important d'établir des relations avec la société d'accueil ?
- ❑ Oui
- ❑ Non

A4. Acceptez-vous que les personnes réfugiées adoptent la culture de la communauté d'accueil ?
- ❑ Oui
- ❑ Non

Étape B :
Après avoir complété l'étape A, veuillez répondre aux 2 questions suivantes.

B1. Dans la matrice qui suit, quelle est la stratégie d'acculturation correspondant le mieux aux réponses données à l'étape A ?

		Maintien de la culture d'origine : Importance de conserver son identité et ses caractéristiques culturelles (A1) ET Acceptabilité de la conservation de l'héritage culturel chez les personnes réfugiées (A2)	
		Oui	Non
Contact et participation avec l'environnement : Importance d'établir des relations avec la société d'accueil (A3) ET Acceptation de l'adoption de la culture de la communauté d'accueil par les personnes réfugiées (A4)	Oui	Intégration	Assimilation
	Non	Séparation / Ségrégation	Marginalisation : Ex-clusion et individualisme

B2. Quelle est, selon vous, l'influence de cette stratégie d'acculturation sur votre posture d'intervention ?

Nous vous suggérons de discuter de ces questions avec des membres de votre équipe professionnelle[27]

---

27 La stratégie d'intégration est celle à promouvoir au sein de nos interventions éducatives.

1.2   Les stratégies identitaires

Selon Bajoit (1999), la construction de l'identité personnelle repose sur une « tension existentielle » qui vise à concilier ou à réconcilier « ce que je suis (et ai été), d'une part avec ce que je voudrais être, et d'autre part avec ce que je crois que les autres voudraient que je sois » (p. 69). Or, la personne réfugiée, par la complexité de sa situation, se trouve à la fois dans un processus de construction et de reconstruction de soi, et doit affronter les déséquilibres induits par des changements internes et externes. Ces changements engendrent des tensions et des conflits dans le fonctionnement de ses structures psychiques et dans son rapport avec les structures sociales. Faire face à cette situation implique une activité de reconstruction de nouveaux cadres de référence, activité qui passe par une restructuration de soi et une redéfinition du sens de ses choix de vie fondamentaux.

> La migration est souvent une expérience déstabilisante impliquant la perte du groupe d'appartenance et du soutien de la communauté d'origine. Les défis d'adaptation sont multiples, comme celui de composer avec de nouveaux modes de fonctionnement socioculturels qui peuvent entrer en dissonance avec ceux du pays d'origine (Fronteau, 2000). Aux nombreux deuils culturels s'ajoute une négociation identitaire pour conjuguer des univers de références différents (Akhtar, 1999). Ayant dû quitter leur pays abruptement et sans préparation, les réfugiés peuvent vivre ces pertes et ces ruptures avec encore plus d'acuité. À celles-ci s'ajoutent les traumas prémigratoires, un grand nombre de ces personnes ayant été exposées directement ou indirectement à des évènements traumatiques liés à la guerre tels la torture, la mort, les viols ou différentes autres formes de violence (Kalt et al., 2013). Or, de telles expériences traumatiques impliquent aussi des atteintes à l'identité en créant des ruptures dans le rapport à soi, à l'autre et dans le sens donné à l'existence (Wilson, 2006). Les actes de violence tels que ceux perpétrés lors de conflits sociopolitiques ébranlent les fondements de sécurité, bouleversent l'univers de référence et compromettent le sens de cohérence interne ainsi que la confiance en l'être humain et la connexion aux autres (Monroy, 2003 ; Rousseau, 2000 ; Sironi, 2007 ; Stolorow, 2007). (Benoit et Rondeau, 2022, paragr. 2)

Tout se passe comme si la personne réfugiée aux prises avec les multiples changements dans sa vie était obligée de se « réinventer » ; pour ce faire, elle doit élaborer des stratégies que nous proposons d'aborder ici en nous appuyant sur le concept de stratégies identitaires, élaboré par Camilleri (1990). Selon cet auteur, « les stratégies identitaires apparaissent comme le résultat de l'élaboration individuelle et collective dans les ajustements opérés en fonction de la variation des situations et des finalités exprimées par les acteurs. Trois éléments sont nécessaires : les acteurs, la situation dans laquelle ils sont impliqués et les finalités poursuivies par les acteurs » (p. 49). Cette autrice (Camilleri, 1990) montre dans ces travaux qu'une situation qui met l'identité à mal peut amener la personne victime à mobiliser deux types de stratégies. L'une visant à rétablir le sentiment de valeur du soi, et l'autre, la recherche d'une certaine cohérence à travers le rétablissement d'une unité de sens.

Les stratégies pour rétablir le sentiment de valeur du soi vise à favoriser progressivement une vision identitaire positive de soi dans le pays d'accueil devant des situations d'adversité qui peuvent être rencontrées. Pour certaines personnes réfugiées une stratégie peut être de s'assimiler au groupe favorisé du pays d'accueil tout en prenant de la distance, voir en rejetant son groupe d'appartenance afin de se départir de préjugés dévalorisants. Chez d'autres au contraire, cela pourrait se traduire par un repli sur sa communauté d'origine, comme un bouclier pour se protéger des hostilités du milieu d'accueil ou de l'assimilation. Ces stratégies peuvent également se manifester par des conduites paradoxales qui consistent à revendiquer l'appartenance à son groupe d'origine tout en rejetant ses valeurs et pratiques. Par ailleurs, on peut observer dans des cas extrêmes, des comportements d'opposition agressifs fondés sur une affirmation excessive et provocante des préjugés véhiculés par le groupe dominant.

Quant aux stratégies pour rétablir une unité de sens, elles visent à réduire l'impact des éléments conflictuels entre les caractéristiques de l'identité personnelle et culturelle du groupe d'appartenance et celles du pays d'accueil. Ainsi, en fonction des situations, la personne réfugiée pourrait valoriser tantôt les principes de sa culture d'origine, tantôt ceux du pays d'accueil (cohérence simple-pragmatique). Cette recherche de cohérence pourrait aussi reposer sur des stratégies plus complexes qui consistent à prendre en compte tous les éléments en opposition (entre sa culture et celle du pays d'accueil) afin d'essayer de résoudre de manière rationnelle les contradictions dans le but de mieux les articuler et de se les approprier. Les stratégies mises en œuvre peuvent également viser à modérer la dissonance créée par les conflits identitaires en agissant sur l'élément perçu comme pénible.

2
Les attitudes et compétences interculturelles

La personne conseillère joue un rôle de facilitatrice dans la transition et l'intégration des personnes réfugiées (Abkherz et McMahon, 2017). Elle contribue à faire le pont entre la société d'accueil et les expériences de ces personnes. Ce rôle de médiation est essentiel et exige un lien de confiance qui repose sur des attitudes et des compétences interculturelles solides.

2.1 L'attitude de compréhension face à l'autre et à sa culture

Dans les travaux sur l'écoute en relation d'aide professionnelle, la compréhension est considérée comme étant une attitude liée à l'écoute active. Cette attitude se traduit par une prédisposition interne et se manifeste par des comportements qui expriment à l'autre personne que l'on est capable d'entrer dans son monde et de valoriser ce qui est important pour elle. Une telle attitude favorise l'établissement et le développement du lien de confiance. Dans un contexte d'intervention auprès de personnes réfugiées faiblement scolarisées, cela prend une importance toute particulière. En ce sens, pour intervenir de manière efficace auprès de cette population, la personne conseillère s'informe et s'efforce de connaitre progressivement les usages, les valeurs et l'ensemble des éléments qui caractérisent la culture de la personne réfugiée. Comprendre la culture et l'expérience de la personne, et se familiariser avec son système de valeurs représentent une forme d'empathie culturelle (Abkherz et McMahon, 2017; Arthur et Januszkowski, 2001 ; Bimrose et McNair, 2011; Fouad et Bryars-Winston, 2005 ; Massengale et al., 2020 ; Vespia et al., 2010). Dans cette démarche qui implique de vérifier régulièrement si la personne réfugiée comprend et est à l'aise tout au long des activités (Gonzalez et al., 2018), il est essentiel de se départir des généralisations hâtives pour s'intéresser à la singularité du vécu de chaque personne. Ce faisant, l'aide apportée bénéficie à la personne en lui permettant de mieux se comprendre et de saisir les défis personnels auxquels elle fait face dans son processus d'intégration sociale et professionnelle. Cette aide lui permet aussi de se valoriser (on s'intéresse à elle) et de s'ouvrir à la nouveauté, à l'inconnu.

2.2 La connaissance des enjeux sous-jacents aux différences culturelles

Le fait d'acquérir une plus grande connaissance et une meilleure compréhension des pratiques culturelles des personnes réfugiées pourrait faciliter la construction et le maintien de l'alliance de travail, mais cela ne suffit pas. Il est en effet capital, pour la personne conseillère, de s'engager dans un processus de développement continu de sa propre conscience de soi et de ses compétences interculturelles pour explorer sa propre vision du monde. C'est en développant de telles compétences qu'elle sera en mesure de comprendre les autres référentiels culturels (Arthur, 2017; 2021). Cela lui permettrait, par exemple, d'être en éveil par rapport à ses tensions internes liées aux différences culturelles. Elle pourra alors tenter de les identifier afin d'améliorer la qualité de son accompagnement. Se former sur les différences culturelles et les valeurs est donc primordial pour les personnes qui interviennent dans l'accompagnement des personnes réfugiées (Arthur et Januszkowski, 2001; Cedefop, 2014). Plus la personne conseillère intervient dans une posture interculturelle en posant un regard réflexif sur ses interventions, plus elle sera en mesure de mettre en confiance les personnes qui la consultent (Goyer, 2005). Elle pourrait ainsi mieux maitriser les risques d'assimilation et ceux liés à ses biais inconscients.

2.3 L'attitude de vigilance par rapport au piège de l'assimilation

Les lignes directrices développées par l'*American Psychological Association* (2017) pour l'accompagnement en contexte interculturel nous semblent d'une grande pertinence dans un contexte d'intervention auprès de personnes réfugiées. En effet, la personne conseillère est souvent exposée au piège de l'assimilation, lequel consiste à vouloir (consciemment ou inconsciemment) par exemple, que la personne réfugiée adopte des comportements et qu'elle comprenne des notions de l'emploi sans tenir compte de sa culture ni des ressources propres au bagage culturel qu'elle détient. Il peut y avoir également une tendance (consciente ou inconsciente) à exagérer les différences et à porter un jugement défavorable sur la culture de l'autre (« eux autres », « nous autres »). Ce préjugé, qui pourrait être qualifié « d'ethnocentrique » entraine souvent une interprétation erronée et négative de la réalité des groupes différents du sien.

Le piège d'une « pensée ethnocentrique » peut donner à la personne conseillère un sentiment de supériorité (Clayton, 2006). Une négligence dans le travail réflexif peut accentuer, de manière inconsciente, des différences relatives à la vision du monde et entrainer des problèmes de communication ou une rupture prématurée de la relation (A.P.A., 2017). Cela pourrait créer aussi diverses formes de résistances (implicites ou explicites) à la compréhension, aux changements et, finalement, entraver l'efficacité de l'intervention.

2.4   L'attitude de vigilance face aux biais inconscients

- *Pour les personnes conseillères*

Les biais inconscients réfèrent à des jugements spontanés, automatiques envers une personne ou un groupe, qui sont portés sans détenir les informations nécessaires pour évaluer la situation objectivement. Ils peuvent s'immiscer de manière involontaire dans l'attitude de la personne conseillère et influencer son intervention auprès des personnes réfugiées (Université de Sherbrooke, n.d.).

Les stéréotypes sociaux correspondent à des préjugés formés à propos de certains groupes ; les personnes qui ne sont pas conscientes de les avoir ni de les véhiculer peuvent porter préjudice. En intervention auprès des personnes réfugiées, il devient essentiel pour la personne conseillère de prendre conscience de ses propres biais inconscients afin d'ajuster ses attitudes et comportements[28]. La démarche réflexive proposée par Cohen-Émérique (1993 ; 2007 ; 2013) et celle de Camilleri (1990) peuvent être d'un grand apport en ce sens.

- *Pour les personnes réfugiées*

Dans le rapport au monde ou à autrui, les biais inconscients peuvent exercer une influence sur les représentations que les personnes réfugiées ont d'elles-mêmes dans la société d'accueil. Ces biais peuvent se manifester par des distorsions cognitives comme la sous-estimation ou surestimation de leur capacité à poursuivre des études ou à accéder à certaines professions. Il est ainsi nécessaire de créer un espace de discussion et de réflexion sur ces défis dans l'accompagnement des personnes réfugiées pour susciter une prise de conscience – importante – des entraves inconscientes aux choix d'orientation ou au processus d'ISP. Cet espace de discussion-réflexion peut toutefois s'avérer complexe à mettre en place. À titre d'exemple, un processus d'intervention pourrait mener la personne réfugiée à se familiariser avec les aspects stigmatisants, voire limitants, de son appartenance à un groupe minoritaire (Dionne et al. 2020) comme l'expérience quotidienne de vivre avec les préjugés, la discrimination, la valeur négative de son groupe dans la hiérarchie culturelle, les incertitudes vis-à-vis de propos stigmatisants, etc. (Flores, 2009). Pour faire face aux exigences de ce type d'intervention, il est néanmoins important pour la personne conseillère d'acquérir des connaissances sur les préoccupations liées à l'immigration et au statut de réfugié, sur les droits, de même que sur l'égalité des chances en matière d'emploi (A.P.A., 2017) dans le contexte.

---

28 Pour connaitre différents types de biais cognitifs : **http://www.psychomedia.qc.ca/psychologie/biais-cognitifs**

3
L'intervention interculturelle : démarche réflexive

Parmi les multiples travaux réalisés sur les personnes réfugiées, rares sont ceux qui se sont penchés sur les défis rencontrés par les personnes conseillères en relation d'aide chargées de l'intégration de ces personnes réfugiées, que ce soit à travers un accompagnement individuel ou de groupe, peu importe le domaine (sociologie, éducation ou counseling et orientation). Les travaux de Cohen-Émérique (1993) constituent une des rares réponses à ce manque. La chercheuse montre que le respect des différences et la tolérance sont, pour les personnes intervenantes, des attitudes à apprendre et à développer dans l'intervention interculturelle. Même si une partie de la population se dit ouverte à la culture des autres et tolérante aux différences, les attitudes et les comportements peuvent ne pas refléter cette image de soi. Le contact avec la différence, plus fréquent et plus diversifié encore lorsqu'une personne occupe un poste où elle doit offrir des services à des personnes immigrantes ou réfugiées, peut ébranler ses propres valeurs et s'avérer menaçant pour l'identité.

Cohen-Émérique (1993) s'appuie sur la prémisse qu'une véritable ouverture à l'autre visant à l'accueillir pleinement dans sa différence suppose une *attitude interculturelle*. Le préfixe « inter » indiquant le « processus d'interaction » qui constitue la base de cette reconnaissance de l'autre différent de soi, de cette autre identité qui entre en dialogue avec la sienne. La personne conseillère étant elle-même porteuse de valeurs, de croyances, de préjugés conscients ou inconscients, l'*attitude interculturelle* suppose qu'elle reconnaisse et différencie sa propre identité de celle de l'autre. Cela implique un changement de posture qui met sur le même pied d'égalité la personne conseillère et celle qui est accompagnée. Ainsi, l'enjeu ne se trouve pas seulement dans la culture de l'autre (p. ex., de la personne réfugiée), mais également dans celle de la personne conseillère : « l'accent doit être mis beaucoup plus sur le rapport entre *je* et *autrui*, entre le moi porteur de culture et de sous-culture et ce que l'autre me renvoie de ce que je suis, jouant le rôle de miroir de ma propre identité » (Cohen-Émérique, 1993, p. 72). Il y a donc une dynamique identitaire sous-jacente à l'intervention interculturelle, et celle-ci peut provoquer de part et d'autre des stratégies défensives et réactionnelles (Camilleri, 1990). Cette interaction interculturelle permet, dans un contexte précis et chaque fois unique, une rencontre entre des personnes ou des groupes pour donner mutuellement un sens à ce qu'elles sont en fonction de thèmes dont le fond est teinté de la subjectivité des cultures respectives.

Les travaux de Cohen-Émérique (1993) permettent de comprendre la complexité du processus d'intervention auprès des personnes réfugiées et encore plus, celles faiblement scolarisées. Le développement de la relation dans un tel contexte va au-delà du principe simpliste selon lequel il suffirait de connaitre la culture de l'autre ou d'être de la même origine ethnique pour être efficace. La compréhension de ces différences est certes essentielle, mais non suffisante : « On ne rencontre pas une culture, mais des individus et des groupes qui mettent en scène une culture » (Cohen-Émérique, 1993, p. 72). Le schéma de l'interaction interculturelle imaginé par Cohen-Émérique (2007 ; 2013) illustre bien la complexité dont il est question.

Figure 1. Schéma de l'interaction interculturelle (Cohen-Émérique, 2013)

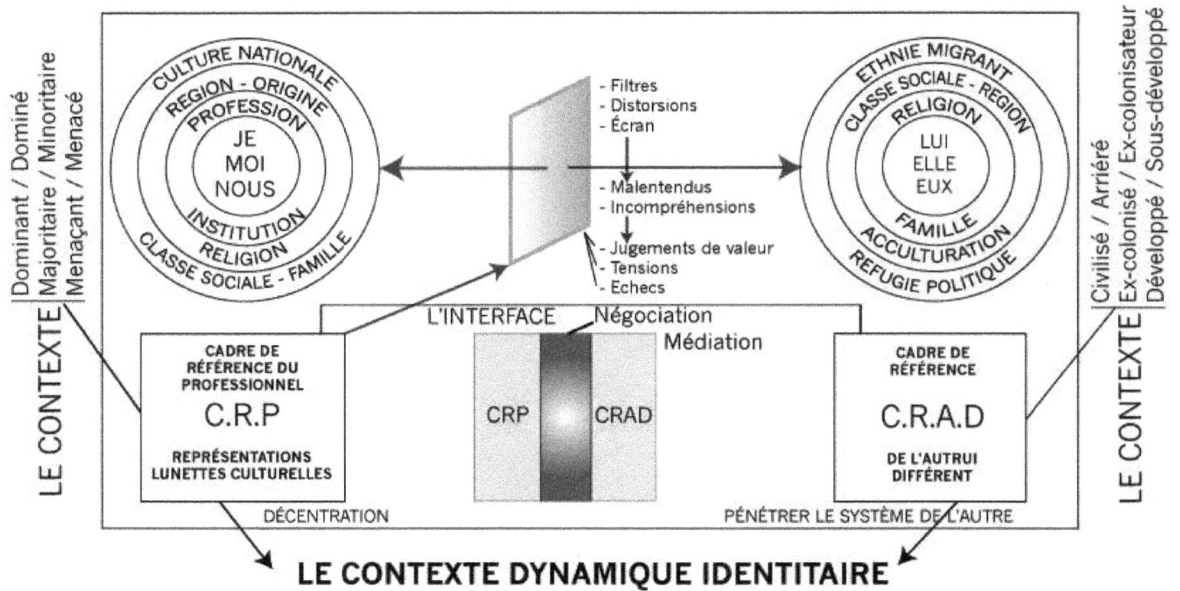

Pour bien comprendre le schéma, il convient de reprendre l'explication qu'en donne Cohen-Émérique (2007) elle-même :

> *Les 2 carrés concrétisent les cadres de référence, les représentations ou les lunettes culturelles (tous des termes équivalents, employés par différents auteurs)* de ces 2 porteurs d'identités. Ils représentent les grilles de lecture des événements et des individus, produits des différentes appartenances et des diverses expériences de vie, qui sont à l'origine de distorsions et de malentendus interférant dans la communication avec l'altérité, en situation intra ou interculturelle. Toutefois, les distorsions sont plus grandes lorsque les acteurs de l'interaction ne sont pas de la même culture (Cohen-Emerique, 2007, p. 15).

La réaction à la différence implique toujours une dimension individuelle liée à une histoire personnelle ou à certains conflits mal résolus.

> *L'écran hachuré représente l'ensemble de ces obstacles, de ces bruits à la communication du côté du professionnel* [la personne conseillère], source de malentendus et d'incompréhensions dans sa relation au client [la personne réfugiée] porteur de culture différente, bruits qui à leur tour vont engendrer des jugements de valeur, des tensions, de la méfiance, mettant en échec la relation éducative ou d'aide.

Le cadre général concrétise le contexte à définir à chaque fois, c'est-à-dire les différences de statuts et le contentieux entre les peuples que représentent les acteurs en présence. Ceux-ci mettent en scène, en plus des différences culturelles, une dynamique identitaire souvent conflictuelle.

L'interface qui relie par une ligne, les deux cadres de référence renvoie aux travaux de l'école de Palo Alto et en particulier à ceux de Hall (1990), qui ont cherché comment on pouvait faire communiquer les deux types de cadre culturel en trouvant un langage commun aux deux. Ainsi, ils ont créé les notions en interface de: *proxémie, de temps monochronne opposé au temps polychronne, de cultures à contexte riche opposées à cultures à contexte pauvre, etc.*, notions qui permettent de rendre compréhensible et de relativiser les différences culturelles, d'où l'importance de cette École dans le champ de l'interculturel. *Enfin ce schéma, tout en concrétisant la complexité de la relation et de la communication interculturelle, permet aussi de cerner comment on peut la surmonter*: Par une approche interculturelle, une compétence interculturelle, telle qu'elle apparaît au-dessous des deux cadres de référence : la décentration et la découverte du cadre de référence de l'autre, et au centre du graphique lorsque ces cadres se rencontrent : la négociation, médiation. (Cohen-Emerique, 2007, p. 15)

Pour Cohen-Émérique (1993, 2007), la complexité de l'interaction interculturelle nécessite le développement de compétences spécifiques pour faire face aux défis de la « diversité culturelle ». Comme l'interaction peut effectivement être source de malentendus, d'incompréhensions, de tensions et d'échecs dans le processus d'accompagnement, la chercheuse propose une démarche qui favorise une pratique réflexive. Ainsi, lorsque la personne conseillère se retrouve dans une impasse relationnelle ou qu'elle fait face à des incidents critiques, elle peut se référer à cette démarche en trois étapes pour structurer sa réflexion : (1) « prendre distance par rapport à soi-même » ; (2) « écouter et accéder au monde de l'autre » et (3) négocier le sens afin de favoriser un « rapprochement réciproque pour aboutir à un compromis acceptable » (Cohen-Émérique, 2007, p. 17 à 19). Ces trois étapes sont explicitées ci-après.

3.1 La démarche de Cohen-Émérique en trois étapes

1) Prendre une distance par rapport à soi-même

Cette étape, qualifiée de *décentration*, vise à mieux cerner sa propre identité socioculturelle comme personne intervenante et à se méfier de ses premières impressions, lesquelles peuvent véhiculer un certain nombre de présupposés, voire de préjugés. Il s'agit d'un processus qui consiste à « prendre conscience de ses cadres de référence en tant qu'individu porteur d'une culture et de sous-cultures (nationale, ethnique, religieuse, professionnelle, institutionnelle, etc.) » (Cohen-Émérique, 2007, p. 16). Cette démarche consiste également en une prise de conscience de ses propres « *zones sensibles* » (Cohen-Émérique, 2007, p. 16).

La personne conseillère, sous l'influence de sa propre culture et de valeurs importantes pour elles, peut être habitée par certaines idées préconçues sur d'autres cultures. Ainsi, selon l'origine de la personne réfugiée qu'elle accompagne, elle pourrait inconsciemment avoir certaines convictions qui vont teinter sa manière de recevoir et d'interpréter les propos et les comportements de cette personne. Elle pourrait également être choquée, par moments. Le but de l'éveil à soi visé ici n'est pas de nier qui elle est, mais « au contraire, c'est une reconnaissance maitrisée qui [l'] amène à mieux [se] connaitre et à relativiser

[ses] propres valeurs, face à d'autres » (Cohen-Émérique, 2007, p. 16). Pour développer cette démarche, il pourrait être utile que la personne conseillère procède régulièrement à l'analyse de situations qui l'ont, par exemple, heurtée dans ses valeurs. Cette analyse pourrait viser à préciser ce que cette problématique lui révèle de sa propre culture, à estimer l'influence que celle-ci a eue sur sa posture d'intervention et à déterminer quelle utilisation constructive elle pourrait faire de cette prise de conscience.

2) Écouter et s'imprégner du monde de l'autre

S'imprégner du monde de l'autre signifie s'en approcher, ce qui suppose la capacité de le connaitre de l'intérieur. Cela consiste à « se mettre dans les souliers de l'autre » comme le veut l'adage. Pour ce faire, il est nécessaire de prendre le temps de s'intéresser à l'autre personne, de s'informer de sa situation et de sa vision du monde, de l'écouter, en somme, de la comprendre. Cela suppose une attitude fondée sur l'étape précédente, car

> comprendre [,] c'est d'abord sortir de soi, s'excentrer pour se placer dans le point de vue de l'autre ; c'est une attitude d'ouverture, une mobilisation de ressources cognitives (observation, désir d'apprendre) et affectives (communication non verbale, laisser émerger certains sentiments) pour découvrir ce qui donne sens et valeur à l'autre. (Cohen-Émérique, 2007, p. 17)

C'est grâce à sa pratique réflexive que la personne conseillère parviendra à atteindre réellement ces objectifs qui impliquent de sortir de soi, de surpasser par moments des propos qui heurtent pour rejoindre l'autre dans sa réalité. Ce processus de *décentration* de soi et de *re-centration* sur l'autre permet d'être dans une posture empathique avec l'autre personne (en l'occurrence, réfugiée), d'entendre le sens que celle-ci donne à ses référents culturels. Cela favorise une meilleure prise de conscience de ses propres biais et un ajustement de ses hypothèses de travail. Selon Brunel (1989), les risques d'interprétations biaisées sont réduits, dans un processus, lorsque chaque personne a une conscience de sa propre histoire et de sa propre culture, de même qu'une conscience de l'histoire et de la culture de l'autre . L'approche de l'empathie culturelle dans une telle perspective (laquelle se veut constructiviste) repose donc inévitablement sur la reconnaissance des ressemblances pour rapprocher les différences afin de minimiser l'impact des biais inconscients.

3) Négocier le sens afin de favoriser un « rapprochement réciproque pour aboutir à un compromis acceptable »

Que faire lorsque l'intégration fait l'objet de divergences de points de vue, de représentations ou de conduites différentes de part et d'autre ? Un tel défi nécessite la mise en place d'un véritable processus de négociation, lequel ne privilégie d'emblée aucune culture au détriment de l'autre. Dans le cas contraire, il y a risque de basculer dans l'assimilation ou la séparation[29]. La recherche d'un compromis est proposée, compromis qui devrait inclure certains aspects des deux mondes afin de définir un sens commun. Cette recherche du sens commun, c'est la médiation interculturelle. Elle devient possible grâce à un examen rationnel des logiques qui s'affrontent, l'évitement des vérités absolues, une modification mutuelle des représentations « coconstruites » d'une même réalité, voire à une co-création culturelle.

> Sur le plan des pratiques sociales et éducatives, ce nouveau contrat social se traduit par une démarche de négociation au cas par cas, c'est-à-dire une recherche ensemble (l'acteur du social et la

---

29 Voir la partie 3, section 1.1 : les stratégies d'acculturation.

famille migrante) par le dialogue et l'échange, d'un minimum d'accords, d'un compromis où chacun se voit respecté dans son identité, dans ses valeurs de base tout en se rapprochant de l'autre... (Cohen-Émérique, 2007, p. 19)

La médiation permet ainsi à terme de créer un espace commun pour le bénéfice de tous et de toutes, et ce, à long terme.

3.2   Une illustration de la démarche

Mise en situation

Lalla est une personne réfugiée faiblement scolarisée qui effectue un stage-emploi en entretien ménager. Les commentaires de la personne qui la supervise sont élogieux à son égard: elle est ponctuelle, assidue et travaillante.

Lors d'une rencontre de suivi avec la personne conseillère qui s'occupe de son dossier, Lalla lui explique qu'elle voudrait quitter l'emploi, car une autre collègue passe toujours derrière elle pour refaire ses tâches et lui dit qu'elle ne fait pas ce qui est demandé. Lalla n'ose rien dire de peur de créer un conflit et elle ne veut pas en parler à la personne superviseure par crainte de perdre son emploi. Elle aimerait que la personne conseillère fasse cette démarche à sa place.

Étape 1 : Décentration : Prendre une distance par rapport à soi-même

Comme personne conseillère, responsabiliser et développer l'autonomie chez les personnes accompagnées sont des valeurs importantes. En ce sens, il fait partie des finalités du counseling et de l'orientation d'outiller et d'accompagner les personnes réfugiées dans leurs démarches par elles-mêmes. Toutefois, dans l'accompagnement de cette population, il peut être important de considérer que certaines personnes sont peu familières avec les us et coutumes du pays d'accueil, qu'elles sont en apprentissage de la langue, etc.

Dans la mise en situation, la personne conseillère pourrait percevoir la résistance de Lalla à parler à sa collègue ou à sa superviseure comme un manque d'autonomie. Ainsi, une première réaction pourrait être de pousser Lalla à être plus autonome en l'amenant à communiquer directement avec sa collègue et avec la superviseure pour clarifier les éventuels malentendus afin de mieux s'accorder sur le fonctionnement du travail de l'équipe. En d'autres mots, la décentration consiste à différencier son biais culturel (l'importance de l'autonomie) du biais culturel de Layla (maintenir l'harmonie).

Toutefois, considérant les obstacles liés à la communication, à la compréhension de la culture auxquels Lalla pourrait être confrontée, la conseillère remet en question son intention de départ et décide d'adopter une démarche réflexive qui consiste à mieux comprendre le monde de Lalla. C'est l'étape 2.

Étape 2 : Écouter et s'imprégner du monde de l'autre

S'imprégner dans le système de l'autre renvoie au fait de le connaitre de l'intérieur. Cela suppose de s'intéresser d'abord à la personne réfugiée, à sa perception et à ses stratégies de résolution de conflits. En l'occurrence, la personne conseillère pourrait par exemple essayer de savoir si Lalla a déjà vécu une situation similaire et de lui faire raconter comment elle s'y est prise pour la gérer ; elle pourrait aussi la questionner sur la façon dont les conflits se gèrent dans sa culture. En amenant la personne réfugiée à entreprendre ce travail d'analyse à la lumière de ses propres expériences et de ses représentations, la personne conseillère *rentre* non seulement *dans le système de l'autre*, mais elle provoque aussi une prise de conscience des références culturelles. Elle peut également mieux comprendre le monde subjectif de l'autre tout en renforçant son empathie culturelle. Elle pourra ainsi ajuster son intervention en fonction des ressemblances et des différences entre les cultures en présence.

En adoptant une attitude centrée sur la compréhension du système de l'autre et en étant consciente du sien, la conseillère permet à Lalla de s'ouvrir sur sa vision de la gestion de conflits. Elle peut reconnaitre les ressemblances et les différences entre les cultures et porter attention à l'ethnocentrisme dans son intervention, à savoir le sien et celui de Lalla. Elle apprend que dans le contexte d'origine de Lalla, les conflits sont souvent traités et réglés par la personne en autorité ou une personne tierce qui joue le rôle de médiatrice[30]. Ce changement de posture lui permet de prendre conscience des ajustements à faire et de mieux comprendre les attentes de Lalla vis-à-vis. Pour Lalla, la personne conseillère, dans son rôle d'aidante, représente une autorité, celle en droit d'intervenir pour régler le conflit.

Ainsi, la conseillère est amenée à ajuster sa lecture de la situation en reconnaissant les ressemblances et les différences entre sa propre vision des choses et celle de Lalla. Elle entame alors une négociation du sens afin de favoriser un « rapprochement réciproque pour aboutir à un compromis acceptable ». C'est la troisième étape.

Étape 3 : Négocier le sens afin de favoriser un « rapprochement réciproque pour aboutir à un compromis acceptable »

Connaissant les représentations culturelles de la personne réfugiée, la personne conseillère est invitée, à cette étape-ci, à nommer sa propre représentation culturelle en expliquant le sens de cette dernière. Cette mise en commun permet de cibler les ressemblances et les différences et de débuter une coconstruction de sens.

Une première possibilité pour la conseillère serait d'expliquer à Lalla qu'il est possible de s'adresser à la superviseure directement, mais qu'elle pourrait aussi gagner à essayer de régler le conflit par elle-même dans un premier temps, en échangeant avec sa collègue et en lui expliquant son malaise. Cela permettrait aux deux personnes employées d'avoir une meilleure compréhension respective de la situation et de finalement s'entendre sur une solution. Cette manière de procéder peut être encouragée pour régler rapidement les conflits dans le but de préserver l'harmonie, de résoudre les conflits entre elles avant de se référer à une autre personne et de garder une certaine confidentialité.

En revanche, considérant la perspective de Lalla, il existe une deuxième possibilité. La conseillère pourrait adopter une autre démarche où elle entamerait un dialogue avec Lalla sur les ressemblances entre les deux cultures au sujet des questions d'harmonie dans les relations interpersonnelles. L'échange pourrait porter également sur les moyens d'y parvenir. Dans l'échange, la conseillère pourrait aussi exprimer à Lalla le fait qu'elle comprend l'importance accordée au rôle de l'autorité et son malaise à briser l'harmonie avec sa collègue. C'est à travers ce type de discussion que le sens commun se dégage et que Lalla parviendra à identifier et coconstruire, avec la conseillère, la stratégie qui est convenable pour elle.

---

30 Voir sur cette question les sections sur la distance hiérarchique et le rapport au contexte dans la partie 2.

En complément à cette deuxième possibilité, la conseillère pourrait également envisager d'ajouter une rencontre ou un échange avec la superviseure ou la collègue de Lalla pour aider celle-ci dans l'élaboration de ses stratégies identitaires. Cette intervention pourrait être perçue comme infantilisante (p. ex., par la superviseure), mais il s'agit plutôt d'une démarche de construction et de négociation de sens, où la résolution du conflit passe par des compromis entre les deux référents culturels. Ce faisant, Lalla effectuera des apprentissages qui lui permettront de mieux comprendre la société d'accueil et ses enjeux, et de concevoir des stratégies intégrées de résolution de conflits. En lien avec les étapes de la démarche réflexive en intervention interculturelle de Cohen-Émérique (2013), nous proposons aux personnes conseillères une grille de réflexion pour l'appropriation de celles-ci qui se trouve à la page suivante.

Tableau 20. Grille de la démarche réflexive en intervention interculturelle de Cohen-Émérique (1993, 2013) pour le développement des compétences interculturelles[31]

Évaluer régulièrement l'effet de ses interventions sur la relation avec la personne réfugiée et sur l'objectif de la démarche

Étape 1 : Prendre distance par rapport à soi-même : prendre conscience de ses références culturelles afin de reconnaitre ses biais culturels et ses intentions dans son intervention

- Décrire l'intervention réalisée ou planifiée et son impact réel ou potentiel sur l'autre.
- Identifier l'intention poursuivie lors de cette intervention et l'expliciter.
- Analyser cette intention pour détecter d'éventuels biais dus à ses référents culturels.

Étape 2 : Accéder au système de l'autre : écouter la perspective de l'autre et savoir la reconnaitre

- Décrire ce qui a été perçu de la vision du monde de l'autre lors de cette intervention.
- Examiner ce qui a pu être retenu des perceptions que la personne réfugiée a de sa propre culture.
- Identifier, s'il y a lieu, les propos qui ont pu heurter ses valeurs, ses représentations ou tout autre référent culturel.

Étape 3 : Négocier le sens afin de favoriser un « rapprochement réciproque pour aboutir à un compromis acceptable » : coconstruire le sens commun qui considère les différences culturelles et le contexte

Face à une situation marquée par des divergences de points de vue, il pourrait être utile de se poser les questions suivantes.
- Quelle est l'intervention envisagée et expliquer ?
- Quelles sont les ressemblances ?
- Quelles sont les différences ?

---

31   Cette démarche peut être aussi utilisée sous forme de journal de bord, au besoin, pour mieux évaluer les effets des interventions sur la relation et sur l'objectif de la démarche avec la personne réfugiée.

4
L'orientation axée sur la culture

Le modèle de l'orientation axée sur la culture développé par Nancy Arthur et Sandra Collins (Arthur et Collins, 2014, 2017; Arthur, 2021) met en évidence l'importance des contextes et des identités culturelles dans l'accompagnement des personnes qui ont des valeurs culturelles différentes de celles de la société d'accueil. Ce modèle, élaboré par deux canadiennes spécialisées en counseling et orientation, est fondé sur une approche constructiviste. Il permet de comprendre la manière dont les individus développent leur vision du monde à travers le processus de socialisation, lequel forme les croyances, les valeurs et les attentes quant aux normes d'interaction sociale. Dans ce cadre conceptuel, Arthur (2021) invite les personnes conseillères à réfléchir à quatre domaines au sein desquels elles peuvent développer leurs compétences interculturelles. Ces compétences sont considérées comme essentielles pour soutenir le processus d'intégration et pour valoriser autant l'identité culturelle, les valeurs et les caractéristiques du pays d'origine que celles du pays d'accueil. Nous proposons ci-dessous une présentation de chacun de ces quatre domaines, suivie de leur étayage par des vignettes pratiques.

4.1 Quatre domaines de développement des compétences culturelles

Domaine 1 : Prendre conscience de ses propres identités culturelles
Consciemment ou inconsciemment, la culture, les valeurs personnelles et sociales de la personne conseillère influencent ses interactions avec la personne réfugiée qu'elle accompagne. Prendre conscience de cela est essentiel dans un contexte d'intervention avec des personnes de cultures différentes. Il importe aussi de porter un regard critique sur les différentes théories et modèles sur lesquels reposent les pratiques d'accompagnement en orientation, car la plupart ont été développés en fonction des réalités des sociétés européennes ou américaines

Domaine 2 : Prendre conscience des identités culturelles des autres
Avoir une connaissance générale de la culture de l'autre ne définit pas l'individu. Cependant, cette connaissance peut aider à définir des hypothèses de travail provisoires et à mieux comprendre l'influence du contexte sur les valeurs et les comportements de la personne. Il demeure avant tout important de se centrer sur la personne réfugiée afin de mieux comprendre sa vision du monde au regard de sa carrière et de son intégration sociale et professionnelle.

La prise de conscience de ses identités culturelles et de celles des autres constitue un des enjeux prioritaires en intervention interculturelle : combattre l'ethnocentrisme. Le piège de l'ethnocentrisme, pour une personne conseillère, est celui de chercher à ce que la personne réfugiée agisse et pense comme ce qui est attendu et qu'elle partage des valeurs semblables. En somme, il se résume à vouloir que cette dernière adopte une stratégie d'assimilation. Pour y remédier, il est essentiel pour la personne conseillère de mettre en œuvre une démarche qui permet aux deux parties d'explorer leurs visions respectives du monde. Cela contribuera à l'établissement de l'alliance de travail, autant sur le plan de l'objectif et des tâches que sur le plan du lien émotionnel.

Domaine 3 : Comprendre les influences culturelles sur l'alliance de travail

Plusieurs considérations environnementales contribuent à établir une atmosphère facilitant la création de l'alliance de travail telles que l'emplacement, les heures de services, la décoration du bureau, mais c'est une écoute attentive et empathique qui permet d'établir le lien de confiance, de déterminer les objectifs et les activités poursuivis. En se plaçant en ouverture d'apprendre sur la culture de l'autre, il est possible de comprendre les influences du contexte culturel sur l'identité de la personne réfugiée. Cette ouverture, soutenue par des reflets empathiques, peut participer à la détente et à l'ouverture des personnes en interaction en cours de processus.

Domaine 4 : Mettre en œuvre des interventions de carrière culturellement sensibles et socialement justes

Il s'avère important que les personnes conseillères posent un regard sur la manière dont les personnes réfugiées sont personnellement affectées par les structures organisationnelles et les systèmes sociaux. Les obstacles ou les barrières que les personnes réfugiées rencontrent dans leur quotidien, dans leur ISP, peuvent faire l'objet d'une analyse sous un angle de justice sociale. De cette façon, par des actions d'advocacie (Supeno et al., 2021), une personne conseillère peut aider les personnes réfugiées à mieux gérer ces situations, en plus d'exercer une influence positive et de mettre son réseau de soutien à contribution pour remédier à des injustices avec elles et en leur nom. Elle peut agir auprès d'instances dans le but de diminuer et même d'éliminer des obstacles structurels à leur ISP ou à leur orientation.

L'activité d'autoévaluation présentée ci-après dans le tableau 21 reprend les quatre domaines et vise à faire l'analyse d'une expérience d'intervention vécue en contexte interculturel à la lumière des quatre domaines du modèle d'Arthur (2021).

Tableau 21 : Grille d'auto-observation pour le développement des compétences culturelles

Description de la situation
Commencer par une description de la situation d'intervention

Domaine 1 : Prendre conscience de ses propres identités culturelles

La rencontre avec une personne de culture différente peut susciter une prise de conscience relative à certains aspects de sa propre culture : les différences et les ressemblances.
En vous remémorant la situation que vous venez de décrire,
- Êtes-vous capable de nommer spontanément des aspects de votre culture (ex. valeurs personnelles, représentations) dont vous avez pris conscience lors de cette interaction ?
- Qu'est-ce qui vous interpelle dans cette prise de conscience ?

Domaine 2 : Prendre conscience des identités culturelles des autres

À partir de ce regard rétrospectif sur cette situation,
- Êtes-vous parvenu.e à saisir les éléments fondamentaux de l'identité culturelle de l'autre ?
- Avez-vous réussi à percevoir les aspects spécifiques de sa perception sur la culture de son groupe d'appartenance ?
- Avez-vous eu des tendances à la généralisation ou à une perception biaisée par des stéréotypes ?

Domaine 3 : Comprendre les influences culturelles sur l'alliance de travail

En procédant à une analyse du processus d'intervention :
- Avez-vous pu établir une bonne alliance de travail grâce à votre capacité de refléter avec précision le monde de l'autre ?
- Si oui, nommer les éléments importants pour l'autre, ce qui est central dans sa vision du monde.
- Sinon, qu'est-ce qui a pu constituer un obstacle et comment pourriez-vous y remédier ?

Domaine 4 : Mettre en œuvre des interventions de carrière culturellement sensibles et socialement justes

Si vous aviez à tirer une leçon de cette situation en termes de justices sociales,
- Quel pourrait être votre rôle ?
- Quelle contribution sociale pourriez-vous apporter pour améliorer certains aspects des structures organisationnelles ou des systèmes sociaux ?

4.2 Des vignettes pratiques sur les domaines de développement des compétences culturelles

Pour illustrer les quatre domaines du modèle d'Arthur (2021), nous vous proposons deux vignettes construites à partir d'expériences vécues dans l'accompagnement de personnes réfugiées.

Vignette pratique 1

Cette vignette se rapporte à une situation rencontrée par une personne conseillère lors d'un suivi de stage. Dans les comportements à améliorer en milieu de travail, il est mentionné, au sujet de la personne réfugiée stagiaire, que « *lorsqu'elle a terminé une tâche, elle s'assoit à ne rien faire en attendant la prochaine consigne. Je la trouve trop passive...* »

Procédons à l'analyse de cette situation selon les quatre domaines.

Domaine 1

Face à cette observation, la personne conseillère prend conscience de « ses propres identités culturelles » d'origine québécoise, qui l'auraient spontanément amenée à juger ce comportement comme un « manque d'initiative » de la part de la personne réfugiée accompagnée.

Domaine 2

Cette prise de conscience l'amène à se décentrer et à essayer d'entrer plutôt dans la rationalité de la personne réfugiée. Au lieu de la juger, elle lui pose plutôt des questions pour comprendre le sens de ce comportement. Elle découvre alors que dans la culture de cette personne, c'est un grand signe de respect envers l'autorité que d'attendre les ordres. Son rationnel s'appuie sur le fait qu'elle ne veut pas discréditer la personne qui l'emploie (donc l'autorité) en démontrant qu'elle sait ce qu'elle a à faire et qu'elle n'a nullement besoin de recevoir d'ordre de la part de cette dernière, ce qui, dans sa culture, est un manque de respect et de considération. Il y a donc ici un quiproquo qui illustre l'importance de se recentrer sur la personne réfugiée afin de mieux comprendre sa vision du monde. Il est ensuite possible d'élaborer, sur cette base, des stratégies facilitantes pour son intégration et son maintien en emploi.

Domaine 3

Cette prédisposition de la personne conseillère à en apprendre davantage sur la vision de la personne réfugiée, au lieu de la classer dans des catégories renforçant des préjugés, lui a permis de mieux comprendre les influences du contexte culturel sur l'identité professionnelle de cette personne. De plus, cela a contribué au renforcement de l'alliance de travail et à l'élaboration de pistes de solution coconstruites entre les différentes parties (personnes réfugiée-superviseure-intervenante)

Domaine 4

L'exemple permet d'illustrer également comment une intervention pourrait être culturellement sensible et socialement juste. Grâce à sa démarche de décentration et de compréhension de la représentation que la personne réfugiée a des rapports à l'autorité en milieu de travail, la personne conseillère a réuni les conditions optimales pour une intervention de médiation. C'est ainsi qu'elle pourrait aider les différentes parties à mettre en œuvre les hypothèses de travail élaborées pour créer des conditions favorables à une intégration juste et respectueuse de la diversité dans les milieux professionnels.

Vignette pratique 2

Cette deuxième vignette met davantage en évidence des aspects en rapport avec le monde subjectif de la personne conseillère. La situation est la suivante : lors d'une activité de choix de stage, une femme réfugiée porte à la connaissance de la conseillère qu'elle devrait d'abord obtenir l'autorisation de son mari avant de s'engager dans la réalisation du stage choisi.

Domaine 1

La conseillère, heurtée dans ses valeurs féministes, répond spontanément à la personne réfugiée qu'elle doit prendre ses décisions par elle-même. Ensuite, prenant conscience des effets limitatifs de «ses propres identités culturelles», elle se ressaisit et se retourne vers la personne réfugiée pour mieux comprendre.

Domaine 2

La personne conseillère demande alors à la personne réfugiée les motifs de son besoin de demander l'autorisation à son mari. Cette dernière lui explique que les prises de décision importantes reviennent à son mari, qui est le chef de famille. C'est donc à lui de décider de ce qui est bien pour sa famille, et son point de vue prime sur tout le reste. C'est ainsi, et pour elle, cela est tout à fait normal.

Domaine 3

Dans cet exemple, la personne conseillère est touchée dans sa valeur culturelle de l'égalité hommes/femmes. Comme interprétation spontanée de la situation, elle a perçu que la personne réfugiée avait un pouvoir limité dans sa prise de décision. Après avoir pris conscience de son positionnement, elle a pu entamer une discussion avec cette personne sur la place de la femme et de l'homme dans la prise de décision selon leurs cultures respectives. Cela a contribué à rétablir et à maintenir l'alliance de travail. Sur cette base, elle pouvait aller plus loin en aidant la personne réfugiée à mieux comprendre le rôle de la femme dans la société d'accueil, à découvrir comment ce rôle a évolué grâce à des luttes historiques pour obtenir plus de droits, à apprécier les retombées potentielles concrètes dans le quotidien (ex. : avoir le droit à un compte de banque, recevoir des allocations familiales à son nom, obtenir le droit de vote et s'en prévaloir, etc.).

> **Exercice réflexif 4 :**
> **Développement des compétences culturelles**
>
> Si vous êtes une personne conseillère dans un contexte interculturel, vous avez certainement déjà vécu des expériences similaires à l'une ou l'autre de ces situations que nous venons d'analyser.
>
> Parmi ces situations, y en aurait-il une qui vous vient spontanément à l'esprit ?
>
> Avec du recul, essayez d'analyser cette situation selon les quatre domaines du modèle d'Arthur.
>
> Dans la cadre de vos fonctions, vous gérez certainement plusieurs situations par des actions d'advocacie (Supeno et al., 2021). En quoi les différents modèles pourraient-ils vous aider à mobiliser davantage de ressources pour remédier à des injustices sociales ?

Domaine 4

Le but n'est pas de présenter ici ce qui se passe dans la société d'accueil comme le modèle parfait à suivre. Il s'agit d'un partage interculturel qui vise une meilleure compréhension mutuelle. Cela contribue à renforcer la confiance et aide la personne réfugiée à prendre conscience des implications des différences entre sa vision et celle de la société d'accueil. Elle peut ensuite élaborer des stratégies pour y faire face. Ce faisant, la personne conseillère pourra aussi découvrir ces stratégies et adapter son accompagnement.

Quatrième Partie

Intervenir dans le processus d'orientation et d'information scolaire et professionnelle en contexte interculturel

Comme cela a déjà été explicité, dans le processus d'accompagnement en orientation et en ISP de personnes réfugiées, le développement des attitudes et compétences interculturelles devient une nécessité. En effet, l'intervention auprès de personnes de différentes cultures exige de comprendre l'influence des identités personnelles et culturelles et d'être capable d'en tenir compte dans le déroulement du processus. Cette compréhension gagne en complexité lorsque les personnes accompagnées sont faiblement scolarisées et ne maitrisent pas pleinement la langue et les repères culturels de la société d'accueil (qui varient d'un milieu et d'une région à l'autre). La prise en compte réfléchie de cette complexité dans les pratiques d'intervention est un élément essentiel dans un processus d'orientation en contexte interculturel. En fait, elle permet d'exercer la pratique de manière éthique et efficace. L'efficience d'une telle intervention repose sur :

a.   l'établissement et le maintien d'une alliance de travail solide dans un cadre d'intervention sécuritaire basé sur une mise en dialogue de deux identités culturelles (personne conseillère-personne réfugiée);

b.   la reconnaissance que l'interculturalité et la diversité requièrent un engagement continu à développer la prise de conscience, la connaissance et la communication;

c.   le soutien au développement des compétences à s'orienter[32].

d.   la prise en compte des questions interculturelles tout au long du processus d'intervention en orientation pour en faire des éléments réflexifs constants qui améliorent la communication et la coconstruction de stratégies de conciliation les mieux adaptées aux réalités de chacune des personnes accompagnées. (Goyer, en cours).

Dans la partie précédente, certains repères théoriques et leurs implications pratiques ont mis en évidence les nombreux apprentissages et le développement de compétences spécifiques que l'accompagnement en orientation de personnes en contexte interculturel exige. Ce constat est étayé par l'expérience de plusieurs personnes conseillères qui se trouvent parfois démunies, surtout lorsqu'elles débutent leur pratique, face aux multiples défis que comporte l'exercice de leur profession dans un tel contexte. Pour répondre aux questionnements de fonds liés aux aspects éthiques et à certains volets du processus d'orientation, une première section de cette partie est consacrée à la sensibilisation à certains défis qui nécessitent une attention particulière dans la manière de repenser la pratique de l'orientation lorsqu'elle s'effectue auprès de personnes réfugiées faiblement scolarisées. Des aspects spécifiques du processus d'orientation dans un tel contexte seront ensuite traités. La partie se termine sur quelques pistes d'intervention issues d'expériences pratiques pour chacune des phases du processus d'orientation proposé.

---

32   Selon Michaud (2003), la compétence à s'orienter est : « la capacité (savoir agir) d'un individu à mobiliser ses ressources liées à son orientation. [...] les ressources personnelles désignent souvent la personnalité, les fonctions intellectuelles, cognitives et affectives [...] la mobilisation des ressources personnelles [représente] l'organisation subjective et intersubjective aux plans affectif, cognitif, somatique, comportemental, relationnel et contextuel des intérêts, valeurs aptitudes, croyances et schémas. » (p. 86-87).

1
Quelques spécificités relatives à la pratique de l'orientation auprès des personnes réfugiées faiblement scolarisées

La première partie de cette publication a montré comment la pratique de l'orientation auprès de personnes réfugiées peut exiger de composer avec des défis particuliers vécus par cette clientèle. Dans ce contexte, il s'avère nécessaire de reconsidérer plusieurs aspects fondamentaux de l'accompagnement en orientation, notamment le *consentement libre et éclairé, l'évaluation, l'information sur le marché du travail (IMT)*.

1.1 Le consentement libre et éclairé

Le principe même du consentement libre et éclairé en contexte d'accompagnement des personnes réfugiées peu ou pas scolarisées suscite des questionnements de fonds. Que représente un consentement libre et éclairé pour ces personnes ? Quelle est leur perception du rôle de la personne conseillère en orientation ? Leur consentement peut-il par ailleurs être vraiment éclairé alors que leur compréhension de la langue et du principe même du consentement demeure très confuse ? Ces questionnements laissent entendre la nécessité d'un ajustement. Ce travail d'ajustement devrait porter, entre autres, sur le langage utilisé dans le formulaire de consentement, sur la manière de le présenter ainsi que sur le rôle de la personne conseillère, mais pas seulement. En effet, obtenir un consentement vraiment libre nécessite une transparence sur les conséquences de la réponse, qu'elle soit négative ou positive. Par exemple, une personne réfugiée peut adhérer systématiquement à tout ce qu'on lui propose simplement par peur de perdre certaines ressources pour elle et sa famille (allocation, soutien, réseaux, etc.). Dans une telle situation, peut-on vraiment parler de « consentement libre » ? Ce consentement semble plutôt contraint par certaines obligations administratives qui conditionnent l'accès à des ressources, d'où l'importance, nous semble-t-il, de mettre l'accent plutôt sur les apports et inconvénients potentiels. En procédant ainsi, la personne a la chance d'effectuer un choix éclairé, même si ce dernier est contraint, et elle peut exprimer ses appréhensions ou les inquiétudes qui déterminent ses réponses.

Parmi les adaptations possibles au formulaire, il serait possible, par exemple, de
- Définir les principaux concepts utilisés en les situant dans leur contexte, et de recourir à des outils de traduction dans la langue des personnes pour les concepts moins bien compris ;
- Mettre tout en œuvre pour que la personne comprenne le sens du consentement en effectuant des rapprochements avec des pratiques similaires dans ses références culturelles ;

- Opter pour un consentement oral et évolutif permettant de s'assurer de bien expliquer le sens du consentement dans un processus de relation d'aide dans la société d'accueil. La compréhension du consentement se construit et se développe avec le lien de confiance dans la relation avec la personne conseillère et les pairs, s'il y a lieu. Cela nécessite que la personne conseillère vérifie et valide régulièrement la compréhension que la personne réfugiée a des actions proposées, qu'elle s'intéresse à ses intentions et qu'elle l'accompagne dans ses choix en l'aidant à en évaluer de manière explicite les pour et les contre de sa participation ;
- Recourir à des interprètes ou à d'autres personnes réfugiées qui ont déjà vécu l'expérience d'un processus d'orientation pour modeler et s'assurer de la bonne compréhension de la démarche ;
- Si de la méfiance est constatée, il peut être utile de créer des contacts plus informels à travers des activités qui touchent peu au dévoilement de soi (ex. visite d'entreprise, de quartier ou de ressources d'aide communautaires). Ces espaces informels peuvent faciliter la création progressive d'un lien de confiance (Michaud et al., 2012).

Il est impensable de traiter du consentement sans aborder des enjeux liés à la figure même de la personne conseillère. Le rôle d'accompagnement qu'elle joue lui confère implicitement, dans les représentations de la personne réfugiée, un statut d'autorité qui sait ce qui est bon et qui va lui indiquer ce qu'il faut faire. De ce fait, il est difficile, voire impossible, dans certaines situations d'avoir un *consentement libre et éclairé* au début de l'accompagnement. En effet, le consentement est en lien avec les valeurs de liberté de choix de la société québécoise, ce qui peut différer des valeurs des personnes réfugiées. Au départ, il est difficile pour certaines personnes de saisir le sens du *consentement libre et éclairé*. C'est un aspect qui se construit lorsque la personne réfugiée expérimente le droit de s'opposer, de remettre en question des propositions, de dire ce qu'elle veut et pense sincèrement. Cela se produit lorsqu'elle se sent en confiance dans la relation.

Le consentement devient, dès lors, une activité d'initiation à la culture de la société d'accueil, à l'importance que les personnes consentent en toute connaissance de cause aux services qui leur sont offerts dans le cadre de relations professionnelles. La présentation du formulaire de consentement peut être une occasion, pour la personne conseillère,

Témoignage d'une personne conseillère d'orientation

Pour aider les personnes réfugiées à comprendre le contexte de la relation d'aide ici au Québec, j'ai constaté que leur compréhension est facilitée par le fait d'établir des parallèles avec des types d'aide qu'elles connaissent, en en soulignant les différences et les similitudes. Par exemple, pour certaines personnes réfugiées, être aidées signifie que la personne aidante, qui a généralement un statut professionnel, spirituel ou d'aîné (expérience de vie) :

- écoute, comprend et donne des conseils sur ce qu'il faut penser ou comment agir.

- prend en charge le problème pour le régler.

Il m'arrive également de faire référence aux services d'aide aux personnes immigrantes nouvellement installées au Canada, aux services de santé, à ceux en francisation etc. En nommant ces différentes formes d'aide reçues, il est plus facile de leur présenter les spécificités du rôle de la personne conseillère par rapport à ce qu'elles ont connu jusqu'à maintenant. En fait, j'ai pu constater que c'est par le vécu dans la relation avec les personnes conseillères que la compréhension du consentement se développe.

d'expliquer les droits, responsabilités et attentes dans un contexte d'orientation et d'intégration sociale et professionnelle, de s'informer des attentes des personnes participantes et de se placer en posture de médiation entre son système de référence et celui de l'autre. Pour les personnes réfugiées ne maitrisant pas pleinement la langue, des outils de traduction peuvent être mobilisés dans l'interaction (personne interprète, outils numériques de traduction).

Les questionnements et réflexions qui précèdent sur la pratique du consentement éclairé dans un contexte d'intervention particulier comme celui avec les personnes réfugiées faiblement scolarisées nous incitent à mobiliser la communauté d'orientation. Il nous semble temps de susciter une discussion entre le personnel intervenant et le milieu universitaire et de créer collectivement une banque d'instruments favorisant le consentement libre et éclairé. Les questions suivantes pourraient servir de point de départ :

- À trop vouloir appliquer et respecter une règle de manière rigide pour la protection du public, ne risque-t-on pas d'imposer la domination d'une vision culturelle sur d'autres ? Cela pourrait-il s'avérer contre-productif pour la personne réfugiée qui dirait spontanément « oui » sans toutefois comprendre le sens du consentement ?
- Ne devrait-on pas privilégier une négociation de sens même si cela amènerait à prendre des écarts par rapport aux usages courants du formulaire de consentement, un instrument au cœur de la protection du public en contexte de pratique d'orientation ?
    - Par exemple, pourrait-on envisager la traduction du formulaire de consentement libre et éclairé en différentes langues ? Cette version traduite gagnerait-elle à être présentée sous d'autres formes que l'écrit — de capsule audio ou vidéo, par exemple — et à inclure des explications données par les personnes immigrantes ?

Ainsi, le sens de cette pratique serait ajusté aux besoins réels des personnes réfugiées et tiendrait compte de la norme sous-jacente à la prescription professionnelle.

1.2   L'évaluation en orientation

Selon le *Guide d'évaluation en orientation rédigé* par l'Ordre des conseillers et conseillères d'orientation du Québec (OCCOQ) en 2010, l'évaluation en orientation est essentielle à toute démarche d'orientation, peu importe les personnes qui consultent.

> Comme postulat de base à cette évaluation dans un contexte interculturel, il importe de rappeler que « toute personne a les capacités d'apprendre et son développement est constant quel que soit son origine, sa situation sociale, familiale, scolaire… et quel que soit, donc, son rapport à l'écrit. L'expérience est essentielle dans le développement de l'individu. Pour être « développante », l'expérience, qui implique le sujet, devra faire l'objet d'un traitement, l'individu devra y donner du sens » (Mouillet et Barberet, 2005, p. 13-14).

> Un deuxième postulat est que la capacité d'une personne de réfléchir sur elle-même, sur sa situation et sur le monde n'est pas uniquement liée à sa scolarité ni à sa maitrise de l'écriture et de la lecture. En effet, les personnes peuvent penser avec rigueur dans des formes d'oralité fortement ancrées dans certains contextes sociaux d'origine.

Dans le champ d'exercice des personnes conseillères d'orientation, l'évaluation consiste à « évaluer le fonctionnement psychologique, les ressources personnelles et les conditions du milieu, [à] intervenir sur l'identité ainsi qu'[à] développer et [à] maintenir des stratégies actives d'adaptation dans le but de permettre des choix personnels et professionnels tout au long de la vie, de rétablir l'autonomie sociale et professionnelle et de réaliser des projets de carrière chez l'être humain en interaction avec son environnement » (OCCOQ, 2010, p. 3).

L'évaluation de la situation de la personne s'articule donc autour de trois dimensions—le fonctionnement psychologique, les ressources personnelles et les conditions du milieu. Pour l'évaluation des personnes réfugiées, toutefois, il nous semble pertinent d'ajouter une quatrième dimension : l'identité culturelle et les stratégies d'acculturation. Ces quatre dimensions sont présentées en détail dans le tableau ci-dessous.

Tableau 22. Les dimensions de l'évaluation en orientation auprès de personnes réfugiées

Dimensions de l'évaluation	Quelques indicateurs chez la personne et son rapport aux autres
Identité culturelle et stratégies d'acculturation	• L'identité culturelle : communautés (sociale, politique, régionale, nationale, ethnique, religieuse, etc.) au sein desquelles se reconnait une personne en termes de valeurs, de pensées et d'engagement, de langue et de lieu de vie, de pratiques, de traditions et de croyances, de vécu en commun et de mémoire historique. • Les enjeux de transition identitaire. • Les liens avec la culture de la société d'accueil et la sienne. • L'isolement ou engagement dans le milieu d'accueil. • Les stratégies d'acculturation. • Le rapport au temps et au contexte. • Les rapports sociaux de genre. • Le rapport à l'autorité. • Le rapport à la société ou à la contribution collective. • Le rapport à la famille, à l'éducation et à l'emploi.
Fonctionnement psychologique	• La santé au cours du parcours migratoire et aujourd'hui. • La résilience. • La qualité de l'estime et de la confiance en soi. • Les valeurs. • Les intérêts. • Les aptitudes. • Les forces ou qualités. • Les pensées. • Les émotions. • Les comportements. • Les modalités d'autorégulation et d'autoprotection.

Les dimensions de l'évaluation en orientation auprès de personnes réfugiées

Dimensions de l'évaluation	Quelques indicateurs chez la personne et son rapport aux autres
	• La présence de troubles mentaux ou neuropsychologiques. • La présence d'un retard mental. • Une situation de handicap. • Les difficultés d'adaptation en contexte scolaire ou professionnel. • Etc.
Ressources personnelles	• La connaissance de soi. • La connaissance du marché du travail. • La connaissance des formations offertes. • La connaissance des institutions de la société civile du pays d'accueil et de leurs exigences administratives. • La connaissance des services et des occasions disponibles dans son milieu. • Les compétences et acquis formels et informels. • Le niveau de scolarité. • Le domaine de compétence. • Les qualifications spécialisées. • Les langues parlées. • Les connaissances informatiques. • Les cartes de compétences. • L'état de santé physique et psychologique. • Des variables sociodémographiques comme l'âge, le sexe, l'ethnie, le statut judiciaire, l'état civil et les responsabilités conjugales, parentales ou familiales. • Les capacités financières. • Le transport : le permis de conduire, l'accès au transport en commun ou à une voiture, etc.
Conditions du milieu	• Le soutien immédiat ou futur de la famille, tant proximale qu'élargie. • Le statut d'immigration, qu'il soit définitif ou en voie d'obtention. • Le soutien d'institutions pour favoriser la compréhension des demandes administratives en lien avec le processus d'ISP dans la société d'accueil. • La situation financière de la famille et l'urgence de l'ISP. • Les lieux où la personne a des liens avec des proches. • Les groupes ou lieux d'activités scolaires, professionnelles ou sociales.

Les dimensions de l'évaluation en orientation auprès de personnes réfugiées

Dimensions de l'évaluation	Quelques indicateurs chez la personne et son rapport aux autres
Conditions du milieu	• Les possibilités d'accès à un réseau de contacts pouvant favoriser l'accès à l'information sur des emplois disponibles. • Le statut socioéconomique des personnes. • L'emploi exercé. • La scolarité des parents. • L'accès aux services d'orientation. • Les attributs conférés à certaines professions. • D'autres lois et règlementations du travail, etc. • Les politiques sociales, éducatives et du travail.

L'évaluation de l'**identité culturelle et des stratégies d'acculturation** peut se réaliser dans le dialogue avec la personne réfugiée à partir des éléments théoriques présenter dans la partie 3, section 2. L'évaluation en orientation de ses dimensions vise à déterminer l'influence potentielle de celles-ci sur les projets professionnels, éducatifs ou de vie que la personne valorise ou qui lui semblent accessibles. Par exemple, si une personne met en place une stratégie de séparation et de ségrégation, elle peut rejeter un milieu éducatif ou des choix professionnels qui impliquent des relations proximales avec des personnes de la société d'accueil. Une fois cette influence potentielle identifiée, cela pourrait être discuté au regard des impacts sur les choix professionnels ou des entreprises pouvant être envisagés. Dans le même sens, l'évaluation du rapport aux rôles sociaux de genre pour les personnes participantes d'un groupe peut permet de déterminer la pertinence d'une discussion sur les écarts potentiels entre ces conceptions selon les cultures et sous-cultures d'appartenance et de discuter des attentes éventuelles des ressources humaines ou de collègues de travail à cet égard.

En raison des nombreux défis que vivent les personnes réfugiées faiblement scolarisées (voir Partie 1), certains éléments de l'évaluation – particulièrement du **fonctionnement psychologique** – seront aussi plus difficiles à connaitre et se dévoileront plus tard dans la démarche en raison d'une possible méfiance de la personne ou d'un manque de connaissance de l'importance de parler des éléments de sa vie personnelle. Il s'agit là d'un autre argument en faveur d'une évaluation en continu.

Pour que le personnel spécialisé en orientation soit en mesure d'évaluer les personnes réfugiées dans le contexte de la société d'accueil, nous suggérons de plus de mener la démarche d'évaluation tout au long du processus d'intégration et d'orientation, à partir de la mise en action des personnes réfugiées faiblement scolarisées plutôt qu'en amont de l'ISP, et ce, à l'égard des quatre dimensions. Cette mise en action permettra en effet de reconnaitre la façon dont elles mobilisent les **ressources personnelles** développées dans leur pays d'origine (p. ex., stratégies et habiletés), et si elles le font de manière similaire ou différente dans leur pays d'accueil. Une telle évaluation en continu permet de mettre l'accent sur d'autres éléments et s'avère d'autant plus importante avec les personnes réfugiées que des changements surviennent au fur et à mesure de leur intégration dans la société d'accueil et de leur familiarisation avec les éléments qui composent cette dernière.

En ce qui a trait aux **conditions du milieu** des personnes réfugiées faiblement scolarisées, leur évaluation est certes nécessaire, mais celle-ci doit dans plusieurs cas susciter l'action de la personne conseillère : il ne lui suffit pas de faire la meilleure description des obstacles ou de les connaitre. La personne conseillère aura probablement à faire en sorte que les conditions du milieu s'arriment avec le projet et les intentions de la personne qui consulte. Elle pourrait par exemple contacter des entreprises pour solliciter des stages au nom de la personne réfugiée ou établir le premier contact avec un organisme d'aide et y conduire la personne. De plus, afin d'effectuer une évaluation rigoureuse, il sera probablement nécessaire de collecter des informations importantes auprès des autres personnes intervenantes auprès de la personne réfugiée accompagnée (ex : personnes enseignantes, personnes conseillères externes, etc.).

Toutes les particularités qui précèdent ont ainsi une incidence sur la pratique d'orientation auprès de personnes réfugiées faiblement scolarisées : la personne conseillère doit être à l'écoute de leurs réalités et des besoins qui en découlent, et considérer qu'elle devra parfois changer ses manières habituelles d'intervenir. Le projet retenu avec la personne accompagnée peut par exemple changer plusieurs fois; il faut savoir s'ajuster et garder une ouverture à ces fluctuations afin de maintenir le lien de confiance avec elle. Afin que les personnes conseillères puissent anticiper quelques-unes de ces possibles fluctuations, nous présentons dans le tableau suivant certains éléments qu'il nous semble important de considérer dans l'évaluation et l'accompagnement des personnes réfugiées faiblement scolarisées.

Tableau 23 : Élément de considération pratique pour l'évaluation en orientation des personnes réfugiées faiblement scolarisées

Éléments de considération pratique pour l'évaluation en orientation des personnes réfugiées faiblement scolarisées

- Le choix d'orientation peut être guidé par un sentiment d'urgence : pour répondre aux besoins de la famille, par exemple (payer le loyer, nourrir les enfants, payer la garderie, etc.).
- L'importance qu'accorde la personne réfugiée à l'information fournie lors des rencontres peut être très variable et fluctuer en fonction de la compréhension du rôle de la personne conseillère et de l'avis de sources d'influence externes (i.e. représentants religieux, père, frère, etc.).
- La pertinence de l'usage des outils psychométriques doit être évaluée selon la validité de ceux-ci pour les populations étudiées. À notre connaissance, peu d'outils sont actuellement adaptés à une population de personnes réfugiées peu scolarisées. Cela étant, un outil comme l'Inventaire visuel d'intérêts professionnels (IVIP), qui présente des métiers semi-spécialisés en images (Dupont et al., 2018), pourrait s'avérer une option.
- La grande quantité de nouvelles informations peut amener les personnes réfugiées faiblement scolarisées à ne pas vouloir prendre position ou à ne pas vouloir faire de choix; privilégier l'information visuelle et l'expérimentation pour les aider à se représenter les réalités du marché du travail constitue une piste de travail pertinente.
- En faisant l'évaluation d'une personne réfugiée faiblement scolarisée, il est préférable de ne pas aborder les traumatismes complexes (voir partie 1) qu'elle a vécus afin d'éviter de les réactiver. Il est préférable de laisser la personne en parler librement lorsqu'elle se sentira

Élément de considération pratique pour l'évaluation en orientation des personnes réfugiées faiblement scolarisées

en confiance de le faire. Toutefois, il est important d'être à l'affût des besoins que peuvent amener ces traumatismes. Par exemple, dans les groupes, beaucoup de personnes réfugiées ressentent un besoin d'être aimées et soutenues de manière dite inconditionnelle par les personnes conseillères. Il peut également s'avérer nécessaire de référer une personne dans le besoin vers des ressources spécialisées.

Enfin, comme le mentionne Olry-Louis (2020), la personne conseillère qui intervient auprès de personnes réfugiées faiblement scolarisées gagne à considérer l'évaluation en orientation de manière plus large que celle réalisée avec les autres types de clientèles. Les personnes réfugiées faiblement scolarisées jugent important d'avoir un espace pour être entendues, pour partager leurs souffrances et les émotions qu'elles vivent ou ont vécues. Dans ce contexte, il pourrait être pertinent :

- D'engager un travail réflexif sur les priorités de vie et la place qu'y occupe le travail;
- De parler des anticipations élaborées jusqu'à maintenant;
- D'identifier les actuels freins à l'employabilité;
- De hiérarchiser les difficultés rencontrées et de raisonner en termes de buts;
- De prendre conscience de l'écart parfois sensible entre sa propre façon de faire dans le pays d'origine et les normes en vigueur dans le pays d'accueil.

1.3   L'information sur le marché du travail (IMT)

L'information sur le marché du travail (IMT) se définit comme « toutes [les] connaissances, faits, données ou aperçus que les Canadiens peuvent utiliser pour prendre des décisions concernant leur apprentissage, leur éducation, leur formation, leur emploi et leur lieu de travail » (Conseil de l'information sur le marché du travail, 2020). D'autres auteurs parlent d'information sur la formation et le travail (IFT) (Supeno et Mongeau, 2015) en incluant la formation formelle, non formelle ou informelle. La transmission de l'IMT peut être un service en soi ou encore s'intégrer au processus d'orientation ou d'ISP. Ce service est présent dans les établissements scolaires et d'employabilité.

Parmi les options souvent envisagées par les personnes réfugiées faiblement scolarisées, on retrouve les métiers semi-spécialisés ou non spécialisés, une formation qualifiante (p. ex., l'attestation d'études professionnelles) et l'alternance travail-études. Les possibilités liées à l'entrepreneuriat peuvent également être explorées. Dans la transmission de l'IMT relative aux options envisagées, toutefois, il importe de porter une attention aux représentations sexospécifiques des métiers, notamment en raison du traitement potentiellement différent des rôles sociaux de genres dans la culture de la personne réfugiée. Une discussion collective et des échanges peuvent progressivement mener les personnes réfugiées faiblement scolarisées à avoir de l'ouverture envers la possibilité d'exercer des métiers non traditionnels

(Dionne et al., 2020). Tout comme chez les personnes nées au Québec ou au Canada, cette ouverture peut ainsi élargir l'éventail des métiers qui peuvent être explorés ou des possibilités professionnelles.

Informer sur l'existence des programmes de reconnaissance des acquis et compétences (RAC) est également un objectif de l'IMT. Selon le Ministère de l'Éducation, du Loisir et du Sport (2005), « la reconnaissance des acquis et des compétences est une démarche qui permet à l'adulte d'obtenir une reconnaissance officielle de ses compétences par rapport à des normes socialement établies, notamment celles présentées dans les programmes d'études » (p. 5). Elle est importante pour les personnes réfugiées : celles-ci peuvent avoir développé des compétences dans des contextes informels dans leur pays d'origine ou au cours de leur parcours migratoire. De manière générale, les compétences reconnues correspondent aux métiers semi-spécialisés ou s'inscrivent dans les univers de compétences génériques. Au final toutefois, certains éléments doivent faire l'objet d'une certaine vigilance au moment de transmettre de l'IMT aux personnes réfugiées faiblement scolarisées. Ces éléments sont présentés dans le tableau ci-dessous.

Tableau 24 : Éléments de considération pratique pour la transmission de l'IMT aux personnes réfugiées faiblement scolarisées

Éléments de considération pratique pour la transmission de l'IMT aux personnes réfugiées faiblement scolarisées
• Ne pas tenir pour acquis que l'IFT transmise est comprise. Il est important d'offrir rapidement des occasions de mise en pratique ou d'offrir des repères concrets pour les tâches liées à l'exercice des métiers et professions dans le pays d'accueil (p. ex., par le biais de vidéos ou de stages de courte durée). Les personnes réfugiées, tout comme plusieurs jeunes adultes (Supeno et al., 2020), privilégient des sources relationnelles pour les aider dans leur ISP ou leur orientation. Elles prennent leur information auprès de personnes significatives; il est possible de leur demander de rapporter les informations reçues de leur entourage et d'en discuter. La personne conseillère peut aussi leur présenter des personnes ou d'autres sources auprès de qui elles peuvent valider l'information reçue par les amis et la famille.
• Comme le soulignent Savard et al. (2007), l'IMT n'est pas neutre et elle peut créer de la confusion. Il faut porter attention au fait que même si la transmission d'informations est une tâche en apparence technique, il est important de s'intéresser à ce que les personnes vivent devant ces nouvelles possibilités ou contraintes pour exercer le travail convoité dans la société d'accueil.
• Lorsque de l'IMT est présentée en groupe, il importe de considérer qu'elle peut être confrontante et sensible.
• Il est important d'accompagner la recherche d'information et l'usage des technologies pour celle-ci.
• Lorsque de l'information est transmise en classe, il est préférable de travailler en collaboration avec la personne enseignante en ISP. Cette dernière peut préparer les personnes réfugiées en amont de l'atelier.
• L'exploration des métiers non spécialisés peut s'avérer une option intéressante afin de permettre à la personne réfugiée de s'insérer rapidement sur le marché du travail.

2

L'alliance de travail dans le processus d'orientation professionnelle des personnes réfugiées faiblement scolarisées

2.1   L'alliance de travail

Que ce soit en psychologie ou en orientation scolaire et professionnelle, c'est généralement la définition de l'alliance de travail de Bordin (1979) qui est retenue ; pour l'auteur, cette alliance implique à la fois une considération des buts, des tâches et du lien émotionnel[33], lequel se construit à travers l'intervention. L'importance de l'alliance de travail dans le domaine de l'orientation et du counseling a été validée par certains auteurs (Massoudi et al., 2008; Milot-Lapointe et al., 2021; Perdrix, 2013; Whiston et al., 2016) : il semble que plus celle-ci est forte entre la personne qui consulte et la personne conseillère, plus la satisfaction à l'égard de la démarche d'orientation sera grande (Massoudi et al., 2008; Milot-Lapointe et al., 2021). Elle est aussi associée à des résultats positifs en lien avec la carrière de la personne qui consulte, avec sa santé mentale et avec sa perception de la qualité de l'intervention de la personne conseillère (Milot-Lapointe et al., 2021).

L'alliance de travail n'est pas seulement au cœur de la démarche d'orientation en contexte d'intervention individuelle ; elle l'est aussi dans la pratique avec les groupes. Dans le cas d'une intervention groupale en orientation, toutefois, l'alliance de travail s'élargit comme concept. Elle implique alors 1) la relation entre la personne conseillère et le groupe ; 2) la relation entre les personnes participantes et 3) la relation d'une personne participante ou conseillère avec le groupe comme un tout (Lo Coco et al., 2022). Elle s'établit dès le début du processus et tout au long de celui-ci.

La clarté des buts et des tâches proposées, de même que la force et la qualité de la relation entre la personne conseillère et celle qu'elle accompagne soulèvent des enjeux particuliers dans les situations d'intervention avec les personnes réfugiées faiblement scolarisées. Il est alors essentiel de tenir compte de variables importantes comme la proximité de la famille, l'implication des différents partenaires institutionnels, le milieu de travail, etc. Dans le début de la relation aussi, plusieurs personnes réfugiées ressentent une difficulté à formuler leurs attentes par rapport aux processus ; la formulation de ces dernières prend davantage de temps, mais se clarifiera en cours de démarche. La personne conseillère doit donc développer ses compétences d'intervention interculturelle afin de pouvoir comprendre la

---

33   Horvath (2001) réfère pour sa part à un lien affectif positif.

réalité de la ou des personne(s) réfugiée(s) devant elle et ainsi accueillir avec ouverture et empathie les difficultés rencontrées ainsi que les expériences vécues. L'intervention sera inévitablement différente, car elle exigera un repositionnement de la personne professionnelle par rapport à sa culture et à la culture de l'autre.

2.2 La mise en place d'une forte alliance de travail

2.2.1 L'alliance avec la personne ou le groupe

La mise en place d'un contexte relationnel chaleureux et accueillant facilite pour l'établissement d'une alliance de travail. Construire l'alliance peut en effet passer par des actions comme prendre le temps d'accueillir la ou les personnes participante(s), ne pas aller directement dans la tâche et s'intéresser à l'autre. S'intéresser à l'autre qui arrive d'un pays où domine une culture collectiviste implique aussi d'élargir le « *comment ça va ?* » à l'environnement social et familial (oncles, tantes, grand-parent, enfants, conjoint, etc.).

Dans un processus d'accompagnement, l'accueil représente un élément essentiel de la relation. Chez les personnes réfugiées faiblement scolarisées, il revêt un caractère primordial. En plus de son rôle de personne conseillère, cette dernière peut être perçue comme la représentante de la société d'accueil. Son attitude chaleureuse et empathique montrera donc à la personne réfugiée qu'elle est la bienvenue et qu'elle est aimée « ici ». L'expression d'un tel accueil est donc loin de constituer un acte anodin pour des personnes qui ont souvent vécu de la violence et du rejet. Cet aspect devrait faire l'objet d'un soin particulier. D'ailleurs les personnes conseillères expérimentées dans l'accompagnement des personnes réfugiées trouvent important de poser plusieurs petits gestes avant que les personnes n'arrivent et au moment de les accueillir pour une intervention de groupe[34] :

Tableau 25 : Éléments de considération pratique pour l'accueil en rencontre individuelle et en groupe

Éléments de considération pratique pour l'accueil en rencontre individuelle et en groupe

- Aménager un environnement accueillant avec des objets décoratifs qui évoquent des éléments du contexte culturel de provenance des membres du groupe.
- Accueillir avec du thé et divers assortiments d'aliments typiques (beignets, fruits divers, etc.).
- Accueillir chaque membre du groupe personnellement par une poignée de main ou un geste équivalent, mais personnalisé.
- Prendre le temps de m'enquérir des nouvelles de chacune des personnes de son entourage (tout en sachant que la première réponse spontanée peut être juste une formalité qui consiste à toujours dire que tout va bien!).
- M'intéresser à l'histoire personnelle, aux us et coutumes de chaque membre : sa vie dans son pays d'origine, son parcours migratoire, ses liens avec son pays et les membres de sa

---

34 Précisons que les stratégies relatées dans ce témoignage sont tout aussi applicables en intervention individuelle.

> famille et grande famille, sa situation actuelle (ses défis, les langues parlées/écrites, le réseau de soutien, la famille, l'état de santé, l'historique d'emploi au Québec et dans la société d'origine, l'éducation au sens général, ce qui est important dans l'éducation dans son pays d'origine, ce que représente la réussite sociale pour elle, etc.), ses deuils, ses besoins, ses valeurs. Je l'amène souvent à les nommer.
>
> • Informer dès le départ les personnes réfugiées que je leur remettrai une attestation pour marquer la réussite des objectifs du parcours d'accompagnement.

Réaliser ces petits gestes peut exiger beaucoup de patience et de temps de la personne conseillère. L'expérience montre pourtant que c'est une étape essentielle pour l'établissement d'une relation de confiance et d'une alliance de travail solide. Ces petits gestes devraient se maintenir tout au long du processus afin d'accueillir chaque fois avec la même qualité la personne réfugiée.

Comme la première partie l'a montré, les personnes réfugiées font face à plusieurs défis qui entrainent des difficultés particulières et possiblement une perte de privilèges (Institut de recherche et éducation sur les mouvements sociaux, 2017). La personne conseillère, comme personne venant de la société d'accueil, doit prendre conscience de ces difficultés vécues et les accueillir sans forcer le dévoilement. Les tâches proposées aux personnes réfugiées tout comme leur sens dans le processus d'orientation et d'intégration doivent être clairement expliqués ; il en va de même pour le but du processus, afin de favoriser le développement d'un climat propice à l'intervention et d'une alliance de travail forte.

2.2.2   L'alliance avec la famille de la personne réfugiée
Dans le contexte d'un accompagnement qui peut s'échelonner sur plusieurs semaines ou mois, les personnes conseillères peuvent devenir des ressources pour les personnes réfugiées autant que pour leur famille. Celle-ci occupe une place importante parce que ses membres valorisent la transmission intergénérationnelle et le partage de connaissances, tant sur le plan de la langue à apprendre que des éléments culturels et administratifs à apprivoiser dans la société d'accueil (Vatz Laaroussi et al., 2012). Pour cette raison, les familles sont souvent impliquées dans les décisions d'orientation et d'intégration; la personne conseillère peut ainsi être amenée à en rencontrer certains membres, voire à créer des liens avec elle. Lorsque la personne réfugiée consulte, il est donc important que la personne conseillère soit à l'écoute de la famille et accepte que des membres s'impliquent dans le processus. Elle pourrait de ce fait maintenir un lien positif avec la personne réfugiée et son environnement, mais aussi engendrer, par l'aide apportée à la personne réfugiée, des besoins de consultation en orientation chez les autres membres de la famille. Les personnes conseillères seront dans ces cas en mesure de référer les personnes en question à des ressources appropriées, à l'intérieur de leur organisation ou dans le milieu environnant.

2.2.3   L'alliance de travail avec les différents partenaires
Dans le travail d'intervention auprès des personnes réfugiées, rappelons que l'établissement d'une alliance de travail avec les différents partenaires constitue une dimension centrale puisque la concertation

à établir avec ceux-ci nécessite la création de liens de confiance, la clarification des tâches (communes ou distinctes) et l'entente sur un but commun. Or, les enjeux liés à l'alliance de travail seront différents selon le partenaire, qu'il s'agisse du milieu de l'éducation, des organismes communautaires ou d'aide l'emploi, des entreprises et des personnes responsables des ressources humaines, des entreprises d'insertion ou des organisations d'aide à l'intégration citoyenne des personnes immigrantes.

Le milieu de l'éducation

Selon le contexte d'exercice, les alliances avec le milieu de l'éducation se feront à l'interne ou impliqueront des partenaires externes. Des enjeux de communication différents se poseront selon les différents acteurs impliqués : personnes conseillères, enseignantes, à l'accueil ou à la direction, etc. L'alliance de travail établie avec chacune de ces personnes clés et la mobilisation de l'expertise de celles-ci permettra de clarifier les rôles et mandats de chacune et d'agir de manière concertée auprès des personnes réfugiées pour atteindre un but explicite et commun.

Selon les parcours des différentes personnes réfugiées faiblement scolarisées, l'équipe de francisation peut constituer une alliée précieuse pour la personne conseillère. Cette équipe a en effet déjà créé un lien de confiance avec les personnes réfugiées accompagnées; elle possède également une connaissance fine de leur niveau de maitrise de la langue et des stratégies d'apprentissage et de transmission d'informations qui se sont avérées efficaces. L'alliance avec cette équipe est donc nécessaire pour faire face à certains défis, notamment ceux liés à la scolarisation et aux compétences langagières, qui constituent une clé à l'ISP. De même, les personnes enseignantes, parce qu'elles passent un temps important en présence des personnes réfugiées, sont souvent en première ligne et sont susceptibles de cibler des besoins d'orientation et d'information sur le marché du travail (IMT).

Selon l'expérience de certaines personnes conseillères consultées, cette alliance permet d'enrichir l'évaluation de la situation des personnes réfugiées, la compréhension du parcours de ces dernières, des apprentissages réalisés et des moyens utiles pour mieux définir le processus d'intervention. Elles pourraient estimer, par exemple, que telle personne apprendrait mieux sur l'intégration en emploi en se faisant raconter une histoire ou des anecdotes, ou que telle autre personne — mère monoparentale — aura probablement besoin de soutien pour la conciliation de ses sphères de vie. Les personnes conseillères gagneront ainsi à inclure certains éléments d'information provenant des rencontres d'équipe multidisciplinaire dans leurs discussions avec les personnes réfugiées. Elles pourraient également faire référence explicitement à ce qui a été fait ou dit dans le cours de francisation. Une telle alliance établie avec les partenaires du milieu de l'éducation favorise ainsi non seulement la cohérence dans l'accompagnement, mais aide la personne réfugiée à percevoir le lien et la complémentarité entre les actions des différentes personnes qui interviennent dans son processus d'intégration.

Les organismes communautaires ou d'aide l'emploi

Les différents organismes communautaires ou d'aide à l'emploi peuvent être des alliés importants puisqu'ils permettent aux personnes réfugiées de développer des compétences pertinentes sur le marché du travail ou d'obtenir des services qui favorisent leur ISP. L'alliance avec et entre ces organismes permet une intervention plus concertée auprès des personnes réfugiées; elle favorise aussi la mise en place d'un lien personnalisé dans les interactions et une meilleure compréhension — pour la personne réfugiée — des options possibles et de l'interrelation entre les différents services d'aide auxquels elle peut avoir recours.

Lorsque la personne conseillère ou une autre personne intervenante doit annoncer la fin des services, il est préférable d'avoir établi un plan d'action avec la personne réfugiée afin qu'elle ne se sente pas abandonnée : en lui présentant la continuité dans les services d'aide grâce à des partenariats avec différents organismes, le lien sera plus facilement maintenu. La concertation entre les diverses personnes intervenantes dans une variété d'organismes permet aussi d'aller au-delà de la première impression, afin de dégager une compréhension commune de la réalité et des besoins de la personne réfugiée. En effet, la personne conseillère est souvent celle qui annonce « les mauvaises nouvelles », comme l'inadmissibilité à une formation souhaitée (formation professionnelle, formation de base, etc.) ou la fin des mesures de formation, ce qui affecte le lien de confiance : la personne réfugiée peut avoir l'impression que c'est une décision personnelle de « bloquer » son projet. Face à cette adversité institutionnelle, les personnes conseillères observent par moments, chez certaines personnes réfugiées, le recours à des stratégies comme celle de produire un discours différent sur leurs projets selon les personnes avec qui elles interagissent. Elles diront par exemple « je veux continuer la francisation » à la personne qui leur enseigne le français alors qu'elles affirmeront « je veux travailler » à la personne conseillère d'orientation. Si un tel discours peut parfois être perçu comme de l'incohérence, il doit pourtant être interprété sous la loupe, entre autres, des compétences interculturelles (voir partie 3) et des stratégies identitaires.

Enfin, même si la connaissance des services communautaires du milieu et l'établissement d'une bonne alliance de travail avec ces derniers est importante tout au long du parcours d'ISP, il s'avère crucial d'y recourir plus particulièrement lorsque des difficultés d'ISP persistent après la prestation. Cela permet de développer un réseau de soutien et un « filet de sécurité » pour des situations qui affectent les personnes réfugiées faiblement scolarisées ou leur famille. Établir une continuité dans les services permettra dans de tels cas, par exemple, de maintenir un accompagnement au projet de vie et à la participation sociale en amenant la personne réfugiée à s'impliquer dans un organisme communautaire, ce qui l'aidera à s'intégrer dans la communauté, à continuer d'avoir du soutien et à se mobiliser progressivement sur le marché du travail.

Les entreprises et le personnel du milieu de travail
Dans le cadre d'un processus d'orientation avec les personnes réfugiées, le travail auprès des personnes actrices du milieu professionnel est important. En ce sens, les visites d'entreprise et les collaborations établies avec les personnes susceptibles d'embaucher ou de superviser des personnes réfugiées faiblement scolarisées facilitent la découverte du marché du travail et le développement d'une compréhension systémique et culturelle du marché du travail dans le pays d'accueil. L'établissement d'un réseau de partenariats est nécessaire pour faciliter l'exploration concrète des métiers et professions et, plus largement, pour ouvrir des passerelles d'ISP. En effet, en raison des entraves dans leur parcours d'apprentissage (Dionne et al., 2022b), les personnes réfugiées n'ont pas toujours eu accès à des ressources appropriées pour réaliser leur choix éducatif et professionnel. De même, leur connaissance de la réalité du travail ou de l'exercice d'un métier dans le nouveau contexte peut être à consolider. Ainsi, dans le cadre de processus d'orientation, il peut être pertinent de proposer dès le départ aux personnes réfugiées faiblement scolarisées des activités d'exploration dans les entreprises pour les aider à mieux comprendre les spécificités de certains métiers et pour multiplier les occasions de mises en relation des personnes du milieu où elles pourraient être embauchées.

Le travail avec les milieux peut aussi constituer un moment privilégié pour mettre en discussion les besoins d'orientation des personnes réfugiées et susciter une intercompréhension des besoins de main-d'œuvre des entreprises. À la suite de diverses rencontres, les personnes réfugiées seront potentiellement en mesure de mieux se positionner par rapport aux opportunités offertes par les organisations et d'associer des tâches concrètes à certaines façons d'exercer une activité professionnelle dans la société d'accueil. En fonction de leur projet professionnel ou de contribution à la communauté, aussi, elles pourraient ensuite être plus à même de se situer par rapport à des éléments de tâches ou à des organisations pour lesquelles elles aimeraient œuvrer.

Des alliances peuvent également s'établir avec l'entreprise pour que la personne réfugiée poursuive son apprentissage de la langue française avec le centre de services scolaire tout en étant en emploi. Le gouvernement du Québec offre différents programmes permettant de financer cet apprentissage sur les heures de travail[35]. Une entreprise sherbrookoise constitue à cet égard un exemple inspirant : elle embauche plusieurs personnes réfugiées qui profitent d'un tel partenariat pour suivre des cours de francisation sur leur temps de travail.

Témoignage d'une personne conseillère d'orientation

Dans le cadre de mon travail, j'avais à superviser des personnes réfugiées en stage. Un superviseur m'avait exprimé le souhait de développer un lien de confiance avec une de ces personnes qu'il avait recrutée dans son entreprise. Je lui ai suggéré, entre autres, de développer un rituel qui consistait à prendre le temps d'aller saluer cette personne chaque matin à son arrivée au travail et à s'enquérir de ses nouvelles (lui demander comment va sa famille, sa santé), à lui signifier qu'il était disponible au besoin et à lui souhaiter une belle journée. Après quelques jours, le superviseur a confirmé avoir remarqué une différence dans l'attitude de la personne réfugiée, qui semblait plus ouverte à s'exprimer. Satisfait de ce résultat positif, le superviseur en question m'a demandé combien de temps il devrait maintenir ce rituel. Je lui ai répondu : « aussi longtemps que la personne est importante pour vous ».

Ma conviction, en tant que personne conseillère, c'est qu'il est important d'expliquer aux partenaires le sens que ça a, la façon d'entrer en relation avec les personnes réfugiées, pour développer une relation significative avec elles.

Les entreprises d'insertion

Les entreprises d'insertion se définissent à la fois comme des organismes communautaires et des entreprises d'économie sociale : elles rallient l'activité économique de production et la mission d'insertion. Elles offrent un emploi rémunéré de 20 à 36 semaines aux personnes rencontrant des difficultés d'intégration au marché du travail et ayant besoin de formation et d'un accompagnement à la démarche d'intégration sociale et professionnelle. La plupart des entreprises d'insertion permettent à la personne employée de travailler sur différents plateaux de travail, où elle reçoit un soutien et un accompagnement nécessaires pour acquérir des habiletés et des connaissances spécifiques qui sont transférables sur le marché du travail régulier. On retrouve ce type d'entreprises dans la plupart des régions du Québec et dans des secteurs aussi variés que l'alimentation, le textile, le manufacturier ou le commerce de détail. Une alliance avec ce partenaire peut donc faciliter l'ascension vers l'emploi de plusieurs personnes par l'entremise de visites, d'expérimentation de quelques jours sur des plateaux de travail, etc.

Une passerelle comme celle qu'offrent les entreprises d'insertion peut être particulièrement aidante

---

35   Voir par exemple le site https://www.quebec.ca/entreprises-et-travailleurs-autonomes/francisation

pour une personne réfugiée faiblement scolarisée n'ayant pas ou peu d'expériences de travail rémunéré et cumulant plusieurs difficultés susceptibles de nuire à court terme à son intégration dans la société d'accueil (voir le partie 1). Ainsi, cette personne peut se familiariser avec les exigences du marché du travail et prendre de plus en plus confiance en ses capacités.

Organisations d'aide à l'intégration citoyenne des personnes immigrantes

À titre de rappel, les démarches administratives constituent un défi majeur dans le processus d'immigration et d'installation au Québec et ailleurs au Canada. Pour cette raison, il est important de créer une alliance de travail avec un réseau de partenaires des différents paliers gouvernementaux et les services administratifs, puis de « marcher avec » (Michaud et al., 2012) les personnes réfugiées faiblement scolarisées vers ces organisations pour répondre à leurs différents besoins d'intégration. L'alliance avec ces partenaires pourrait permettre d'aider les personnes réfugiées à démystifier et à mieux comprendre le rôle des différentes instances gouvernementales auprès desquelles elles doivent entreprendre des démarches administratives indispensables à leur intégration.

Témoignage d'une personne conseillère d'orientation

L'intégration sur le marché du travail régulier est toujours à privilégier pour éviter de maintenir les personnes en situation de vulnérabilité. Dans ce sens, l'entreprise d'insertion est à considérer comme une ressource complémentaire, et non comme une solution durable.

Témoignage d'une personne conseillère d'orientation

Dans le cadre de mon travail, j'ai régulièrement à accompagner les personnes réfugiées au poste de police afin de demander la preuve de non-antécédents judiciaires (Certificat de police canadienne) pour travailler dans certains milieux (p. ex., une résidence pour personnes âgées). En raison d'expériences négatives antérieures ou de représentations erronées de la police, certaines de ces personnes ne souhaitent pas s'y rendre seules. Le fait de les accompagner les rassure, mais permet aussi de dédramatiser cette démarche tout en leur permettant de découvrir le rôle et les fonctions de la police dans la société d'accueil.

Tableau 26 : Éléments de considération pratique avec les autorités policières ou judiciaires

Éléments de considération pratique avec les autorités policières ou judiciaires
• Inviter une personne policière ou une personne réfugiée ayant déjà fait des démarches auprès de ces instances pourrait aider à mieux comprendre le sens de la procédure et les émotions que cela suscite.
• Valider régulièrement avec les personnes si elles ont de nouvelles demandes de renseignements à fournir.
• Créer des alliances avec des partenaires pour partager la responsabilité d'accompagner la personne dans différentes démarches si les ressources de l'organisation ne le permettent pas.
• Établir des partenariats avec des organisations dont le mandat est la défense des droits des personnes réfugiées et/ou immigrantes. Plusieurs enjeux légaux peuvent dépasser les connaissances des personnes conseillères.

3
Une proposition de démarche d'accompagnement à l'orientation et à l'ISP de personnes réfugiées faiblement scolarisées

Plusieurs pratiques liées au développement de carrière ont été élaborées sur la base de fondements applicables d'abord et avant tout aux populations issues de l'Amérique du Nord ou de l'Europe ; peu de ces fondements et pratiques ont fait l'objet d'un ajustement pour tenir compte des réalités des populations migrantes. L'intégration des savoirs interculturels en orientation pose ainsi d'entrée de jeu l'exigence de revoir les conceptions théoriques « allant de soi », les modèles d'intervention porteurs de vérités absolues et le développement des instruments en évaluation (Goyer, 2003 ; 2005). Comme le souligne Arthur (2021), la personne conseillère se doit de

> poser un regard critique sur les théories et le modèle de carrière en regard de la façon dont ses princi- pes sous-jacents (p. ex. la prise de décision rationnelle et indépendante ; la structure des possibilités offertes à tous ; l'ignorance des effets discriminatoires des préjugés sexistes, raciaux, liés à la classe sociale) sont liés sur le plan culturel. (p. 26)

La démarche d'accompagnement que nous proposons dans les prochaines pages vise à développer, chez des personnes réfugiées faiblement scolarisées, la compétence à s'orienter. Cette dernière implique d'abord la reconnaissance des compétences développées par ces personnes à travers leur parcours. De même, au cours du processus d'orientation, nous présentons des situations d'apprentissage permettant aux personnes réfugiées de poursuivre le développement de leurs compétences et de favoriser une meilleure connaissance du marché du travail dans la société d'accueil. En ce sens, la démarche suggérée rejoint la perspective d'Arthur et al. (2023), qui préconisent une approche fondée sur la justice sociale et la reconnaissance des forces des personnes réfugiées faiblement scolarisées pour les accompagner dans leur développement de carrière.

Lorsqu'il s'agit de la population des personnes réfugiées faiblement scolarisées, un ajustement est nécessaire à la démarche plus standard d'accompagnement à l'orientation et à l'intégration sociale et professionnelle en individuel ou en groupe. Ces éléments s'avèrent centraux dans un processus d'inter- vention auprès de la population ciblée ici afin de favoriser les échanges et de soutenir l'acquisition de connaissances sur ses intérêts et aptitudes autant que sur les métiers accessibles. Le tableau ci-dessous synthétise la démarche adaptée qu'il nous semble pertinent de mettre en place. Dans cette proposi- tion, nous identifions deux axes majeurs d'action, que ce soit en intervention individuelle ou de groupe : 1) des actions qui ciblent directement la personne ou le groupe et 2) des actions dans et sur l'environnement (avec ou au nom des personnes réfugiées). La mise en œuvre de cette démarche nécessite une prise en compte du fait que certaines personnes n'ont jamais travaillé de manière formelle, ni dans leur pays d'origine ni dans la société d'accueil.

Tableau 27 : Démarche d'accompagnement interculturel appliquée à l'orientation et à l'intégration sociale et professionnelle des personnes réfugiées faiblement scolarisées

Mots-clés	Actions avec la personne ou le groupe	Actions dans et sur l'environnement (avec ou au nom des personnes réfugiées)
Découvrir le marché du travail en relation avec le soi		
Accueil, alliance et consentement	• Accueillir la personne. • Établir/créer l'alliance de travail en définissant le besoin de la personne. • Expliquer le consentement et le rôle des différentes personnes impliquées (Voir Partie 4, section 1.1). • S'intéresser à la façon dont s'opère l'orientation dans le pays d'origine.	• Aménager un environnement accueillant. • Offrir un accueil chaleureux. • Accorder de l'importance à prendre des nouvelles régulièrement de la personne, des membres de sa famille et des personnes significatives (créer un lien émotionnel). • Initier des alliances avec les organismes du milieu pour que les besoins de base soient comblés.
	Des pistes d'intervention possibles : • Voir les points 1.1 et 2 de la présente partie.	
Compétences, qualités et marché du travail	• Aider la personne à nommer ses acquis, ses compétences et ses qualités développés dans le pays d'origine. • Amener la personne à identifier et à reconnaitre les acquis et compétences développées, tant dans les expériences de travail formelles qu'informelles. • Travailler la perception de soi et du marché du travail pour rendre celui-ci accessible.	La personne conseillère se doit de : • Connaitre plusieurs milieux possibles pour pouvoir référer selon les intentions professionnelles de la personne réfugiée. • Organiser des visites de milieux pour observer différents métiers et organisations. • Offrir des occasions d'expérimenter les métiers, par la mise en pratique de ceux-ci ou par des moyens concrets d'observation et d'exposition.
	Des pistes d'intervention possibles : • Poser des questions comme « Comment avez-vous obtenu votre emploi actuel ou votre dernier emploi ? » Dans le cas où aucun emploi n'a été occupé, parler des activités, des loisirs, des tâches ménagères réalisées. Poser des questions sur ce qu'elles ont fait dans leur pays d'origine. • Introduire les notions d'aptitudes et d'intérêt à la suite de l'expérimentation des métiers. Identifier les intérêts et décrire les aptitudes pour chacune des tâches observées par la personne réfugiée. • Faire des allers-retours entre les caractéristiques du métier et ce que la personne aime (intérêts), ce qui est important (valeurs) pour elle, ses priorités : les types d'entreprises ; les tâches à accomplir ; les conditions de travail à court, moyen et long terme ; les taux de placement.	

Démarche d'accompagnement interculturel appliquée à l'orientation et à l'intégration sociale et professionnelle des personnes réfugiées faiblement scolarisées

Mots-clés	Actions avec la personne ou le groupe	Actions dans et sur l'environnement (avec ou au nom des personnes réfugiées)
Compétences, qualités et marché du travail	• Effectuer un retour sur les visites en termes de ce qui est semblable et différent du pays d'origine, parler de ce que la personne aime ou n'aime pas, etc. • Proposer des activités où les membres se donnent entre eux des rétroactions sur les aptitudes ou nomment les aptitudes qu'elles perçoivent chez l'autre. • Favoriser l'entraide mutuelle entre les personnes réfugiées pour enrichir leur vocabulaire et permettre à chaque membre de pouvoir nommer ce qu'il aime et ce qu'il est capable de faire. • Nommer son degré d'intérêt pour chacune des tâches en attribuant un nombre d'émojis avec un sourire, avec un autre symbole significatif et concret ou avec une couleur. • Inviter la personne réfugiée à explorer visuellement le plus de métiers possible – par des vidéos, des visites, des stages d'un jour – pour favoriser une représentation des métiers correspondant à son niveau de compétences et ensuite le choix des milieux qu'elle désire visiter. Cela permet de l'impliquer rapidement dans le processus de choix. • Proposer un exercice pour recueillir les idées de métiers de l'entourage de la personne réfugiée sur les choix possibles. Faire un retour sur l'exercice en aidant chaque personne du groupe à identifier les valeurs qui la motivent dans son choix ainsi que celles de la famille.	
Évaluation et action sur les conditions du milieu	• Procéder à l'évaluation en orientation en tenant compte des stratégies identitaires et d'acculturation. • Comprendre la vision du monde de la personne réfugiée et ses besoins d'orientation et d'intégration.	• Établir des passerelles avec les personnes superviseures/ responsables des ressources humaines ou des personnes mentores pour faciliter l'accès à des stages d'un jour et des emplois. • Établir des contacts avec des mentors et des centres de formation pour réaliser des stages ou participer à une activité « élève d'un jour ». • Préparer la personne à identifier les situations de microagressions, de racisme. Proposer des moyens pour y faire face.

Des pistes d'intervention possibles :
• Voir la section 1.2 de la présente partie.
• Faire des liens entre la culture d'origine et celle de la société d'accueil en ciblant les ressemblances et différences relatives à l'orientation et à la recherche d'emploi.
• Poser des questions concernant les conditions de travail : Quelles sont les conditions de travail dans lesquelles s'exerçait cet emploi ou quelles sont les conditions de travail recherchées ?

Démarche d'accompagnement interculturel appliquée à l'orientation et à l'intégration sociale et professionnelle des personnes réfugiées faiblement scolarisées

Mots-clés	Actions avec la personne ou le groupe	Actions dans et sur l'environnement (avec ou au nom des personnes réfugiées)
Évaluation et action sur les conditions du milieu	• Inviter chaque membre du groupe à réfléchir aux exigences professionnelles d'un métier et à nommer les conditions les plus importantes pour lui et pour sa famille. • Entretenir des relations positives avec les personnes responsables des ressources humaines ou de la supervision dans les entreprises partenaires afin de connaitre leurs besoins. Cela permet à la personne réfugiée d'explorer concrètement certains métiers et de tendre vers un jumelage optimal répondant à ses besoins et ceux des entreprises.	
Apprentissage et sens de l'orientation	• Saisir les occasions d'utiliser les mêmes concepts de façon systématique en orientation, les vulgariser et aider la personne à les comprendre (ex. : métiers non et semi-spécialisés, valeurs, etc.). • Expliquer des expressions courantes de la société d'accueil. • Clarifier la diversité des processus de prises des décisions liées à l'orientation et les personnes clés pour celles-ci.	• Créer des conditions favorables à l'apprentissage dans les différentes sphères d'intégration de la personne (ex : communauté, groupes, entreprise, etc.) en faisant de la médiation interculturelle au besoin. • Favoriser l'entraide dans le milieu (ex. : Échanges intergénérationnels, parrainage pour multiplier les occasions de pratiquer le français).
	Des pistes d'intervention possibles : • Faire un bilan des activités ainsi que des explorations réalisées et valider les apprentissages. • Aider à la compréhension du marché du travail. Graduellement, lorsque la personne réfugiée commencera à nommer ses préférences, il sera possible de faire des liens entre le marché du travail et ce qu'elle connait d'elle-même. • Observer si certaines personnes vivent de l'anxiété à l'idée de devoir nommer des intérêts ou des aptitudes : il est parfois difficile de les reconnaitre pour soi-même. Nous suggérons que la notion d'intérêt soit approchée de manière éducative, que la personne conseillère intègre graduellement, par des exercices, la notion d'avoir aimé ou d'aimer faire quelque chose. • Saisir les différentes occasions de valider et de donner une rétroaction sur les aptitudes exposées dans différentes situations. Plus la personne va reconnaitre ses aptitudes, plus elle va développer son sentiment d'efficacité personnelle. • Favoriser la découverte des contextes de l'emploi permettant à la personne réfugiée de prendre une décision plus éclairée.	
	Intégrer des informations sur soi et sur l'environnement	
Appropriation, communication et médiation	• Revenir sur l'exposition aux métiers, professions et formation. • Partir de celles-ci pour clarifier, les valeurs, intérêts et aptitudes de la personne.	• Effectuer de la médiation interculturelle avec les acteurs impliqués pour clarifier les besoins de la personne réfugiée et celles des entreprises ou centres de formation.

Démarche d'accompagnement interculturel appliquée à l'orientation et à l'intégration sociale et professionnelle des personnes réfugiées faiblement scolarisées

Mots-clés	Actions avec la personne ou le groupe	Actions dans et sur l'environnement (avec ou au nom des personnes réfugiées)
Intentions et conditions de mise en œuvre	• Clarifier les possibilités de formation ou de métiers dans lesquelles la personne souhaite s'engager pour elle et sa famille (court, moyen et long terme) en tenant compte de l'urgence et du potentiel d'apprentissage.	• Soutenir les démarches administratives pour avoir les documents nécessaires à l'embauche et informer sur l'admissibilité à des programmes spécifiques d'accès à l'emploi ou de soutien aux familles (voir Pistes d'action et ressources partie 1).

Des pistes d'intervention possibles :

• Susciter l'établissement de liens avec le marché du travail et ce que la personne réfugiée connait d'elle-même, graduellement, lorsqu'elle commencera à nommer ses préférences.

• Aider la personne réfugiée à hiérarchiser les caractéristiques découvertes sur soi et celles du marché du travail pour affirmer progressivement une préférence en termes de métier ou d'emploi. Un moyen visuel (ex. : une photo, une image, une vidéo, etc.) pourrait être facilitant.

• Permettre à la personne de mieux comprendre les exigences du marché du travail et de mieux se représenter dans le rôle de personne travailleuse.

• Outiller la personne et l'aider à mieux cerner son environnement. Réaliser des mises en situation sur des interactions pouvant créer de la confusion ou des conflits au travail. Cela permet de les expérimenter dans un environnement sécuritaire et d'obtenir des rétroactions sur l'interaction avec l'autorité et les collègues.

• Parler des expériences dans les milieux et des découvertes effectuées afin de pouvoir en faire bénéficier l'ensemble du groupe.

• Faire nommer les apprentissages réalisés pendant le stage ou d'autres activités d'exploration, leur demander d'exprimer ce qu'elle a le plus ou moins aimé (pour aider à reconnaitre ses intérêts) et poser des questions sur les commentaires de ses collègues et des personnes qui les ont employées pour inciter la personne réfugiée à nommer ses aptitudes.

Décider et réaliser des actions

Planification et conditions de réalisation	• Établir un plan de développement de compétences ou d'actions. • Évaluer la viabilité du projet en fonction des risques possibles pour la personne réfugiée et sa famille.	• S'assurer que les conditions de réalisation du projet sont présentes. • Valider le soutien financier (ex. : subventions salariales, etc.) dont les entreprises peuvent bénéficier pour aider la personne réfugiée. • Agir avec advocacie* devant les situations d'inégalités vécues par la personne réfugiée. *Peut être présent tout au long de la démarche d'accompagnement*

Démarche d'accompagnement interculturel appliquée à l'orientation et à l'intégration sociale et professionnelle des personnes réfugiées faiblement scolarisées

Mots-clés	Actions avec la personne ou le groupe	Actions dans et sur l'environnement (avec ou au nom des personnes réfugiées)
Planification et conditions de réalisation	Des pistes d'intervention possibles : • Amener chaque membre du groupe à visualiser le futur, à court, moyen ou long terme selon sa capacité, et l'aider à identifier des moyens concrets mis à sa disposition pour maintenir l'espoir de réaliser ses rêves. La prise de décision en sera facilitée. • Mettre l'accent sur le court terme avec la personne qui a de la difficulté à envisager une perspective à long terme. • Aider à l'intégration, à la motivation, à la reconnaissance de ce que la personne réfugiée peut accomplir, à la confiance en l'avenir. • Clarifier que la perspective du futur n'est pas nécessairement professionnelle, qu'elle peut se trouver sur d'autres plans : le plan matériel (acheter une maison, une automobile, etc.) ; le plan scolaire (pouvoir payer les études des enfants); le plan relationnel (visiter ou recevoir la famille du pays d'origine, parrainer quelqu'un, etc.). • Développer l'implication dans le processus de prise de décision afin que la personne réfugiée puisse développer son indépendance et sa confiance en elle.	
Intégration en emploi	• Accompagner la personne réfugiée en concertation avec la personne des ressources humaines ou qui la supervise dans les étapes de la mise en action du projet déterminé (intégration en emploi ou début de la formation) ; rester disponible pour les besoins qui pourraient émerger dans l'intégration en emploi. Des pistes d'intervention possibles : • Encourager la personne réfugiée à faire un retour avec sa personne conseillère pour obtenir du soutien lorsqu'elle est fragilisée dans sa situation d'intégration sociale et professionnelle. • Avoir en tête que l'intervention et la relation avec la personne conseillère est essentiel dans le maintien du projet, car le lien relationnel permet à la personne réfugiée de contacter plus facilement la personne conseillère en cas de besoin. • Être disponible, en tant que personne conseillère, afin d'aider la personne réfugiée à affronter les hauts et les bas de leur intégration dans la société d'accueil. Elle peut se référer à la personne conseillère avant de prendre des décisions, de poser des actions ou pour tout simplement mieux comprendre une situation. • Intervenir auprès de la personne supervisant la personne embauchée pour mieux expliquer les différences culturelles, les besoins spécifiques des personnes réfugiées, autrement dit, sensibiliser le personnel de l'entreprise.	
Engagement et transformation sociale	• Inviter la personne réfugiée à s'engager dans la promotion des services d'orientation et d'emploi auprès de sa famille et sa communauté. • Amener la personne réfugiée à devenir une ambassadrice pour aider ses pairs à accéder aux services d'orientation.	

Démarche d'accompagnement interculturel appliquée à l'orientation et à l'intégration sociale et professionnelle des personnes réfugiées faiblement scolarisées

Mots-clés	Actions avec la personne ou le groupe	Actions dans et sur l'environnement (avec ou au nom des personnes réfugiées)
Engagement et transformation sociale	• Amener les entreprises à promouvoir la valeur ajoutée de l'embauche et la reconnaissance des compétences des personnes réfugiées. • Consolider les alliances initiées avec les organismes du milieu pour soutenir le maintien en emploi. Des pistes d'intervention possibles : • Proposer à la personne réfugiée ayant réussi son intégration de venir faire des témoignages sur sa situation auprès de personnes réfugiées nouvellement arrivées. • Solliciter les entreprises afin qu'elles parlent de leur expérience et encouragent d'autres entreprises à offrir des postes pour des personnes réfugiées. • Créer des liens avec divers organismes communautaires offrant des services variés (ex. : banques alimentaires, friperie, Maison de la famille, etc.) afin de pouvoir y référer la personne réfugiée en fonction de ses besoins.	

En somme, la démarche d'intervention suggérée dans cette dernière partie tient compte de la complexité et de la diversité des réalités vécues par les personnes réfugiées faiblement scolarisées. Elle s'appuie non seulement sur l'expérience de personnes conseillères d'orientation, mais sur des résultats de recherches et des fondements théoriques qui nous semblent particulièrement adaptés au travail d'accompagnement à l'orientation et à l'ISP de cette clientèle. Richard et al. (2020) résument à cet égard quelques principes auxquels notre équipe adhère également :

Tableau 28 : Éléments de considération pratique de l'intervention en orientation

Éléments de considération pratique de l'intervention en orientation
• La personne conseillère qui interroge le parcours migratoire et le vécu de la personne réfugiée démontre qu'elle s'intéresse à la personne dans sa globalité, ce qui aura un impact sur l'alliance de travail.
• La personne réfugiée est l'experte de son expérience et elle sera valorisée par le fait que la personne conseillère lui pose des questions sur sa culture, ses coutumes, son pays d'origine, etc., afin d'en savoir davantage.
• Le parcours migratoire des personnes réfugiées est marqué par de multiples évènements traumatiques et difficiles ; il met en lumière la résilience, le courage, la débrouillardise et il est rempli de stratégies qui peuvent être utilisées dans l'intervention.
• Se montrer sensible au vécu de la personne réfugiée (pertes, deuils, contexte non volontaire, évènements à caractère traumatique, etc.) permet d'acquérir une meilleure compréhension et de réaliser une analyse plus rigoureuse des besoins.

Éléments de considération pratique de l'intervention en orientation

- Développer ses compétences interculturelles et sa conscience de ses propres biais permet d'offrir une intervention plus ajustée.
- Se rappeler qu'il n'est pas nécessaire de tout savoir et de « ne pas ouvrir une boîte qu'on ne peut pas refermer ».
- Travailler en collaboration.
- Suivre et respecter le rythme de la personne réfugiée dans son adaptation à la société d'accueil, viser l'intégration et le développement d'un réseau social et non l'autonomie à tout prix.

Conclusion

Les réflexions et expériences partagées dans cet ouvrage ont permis de souligner non seulement les défis auxquels les personnes réfugiées faiblement scolarisées sont confrontées, mais également ceux des personnes impliquées dans leur accompagnement. D'une part, la langue, la santé physique et mentale, la précarité, l'apprentissage des codes de la société d'accueil, la communication, l'employabilité, l'accès aux ressources, sont autant de défis qui complexifient l'intégration sociale et professionnelle des personnes réfugiées faiblement scolarisées. D'autre part, les personnes conseillères doivent se sensibiliser aux spécificités de l'intervention en contexte interculturel pour arriver à composer de manière adéquate avec des différences culturelles relatives au rapport à l'autorité, aux rôles sociaux de genre et au rapport au temps et au contexte.

Or, l'intégration et l'ISP des personnes réfugiées faiblement scolarisées, d'une grande complexité, demeurent pourtant un enjeu dans la formation initiale et continue des personnes conseillères d'orientation, laquelle souffre du manque de travaux traitant spécifiquement des défis liés aux pratiques d'accompagnement en orientation de cette clientèle. Devant les préoccupations légitimes des personnes conseillères qui interviennent auprès de celle-ci, notre équipe a souhaité leur offrir — comme une tentative de réponse — un document ressource mettant de l'avant différentes approches étayées par des savoirs expérientiels et valorisant l'adoption d'une posture basée sur le développement d'attitudes et de compétences interculturelles essentielles. En particulier pour nourrir l'ajustement des pratiques, et surtout celles relatives au processus d'orientation, nous avons aussi proposé une démarche complète visant l'adaptation de ce processus aux réalités des personnes réfugiées faiblement scolarisées.

Le travail entamé dans cet ouvrage représente une ébauche, dont l'écriture devrait se poursuivre par chaque personne qui se sent interpelée par la situation de la population réfugiée faiblement scolarisée que ce soit sur le plan personnel, professionnel ou politique.

Bibliographie

Abkhezr, P. et McMahon, M. (2017). Narrative career counselling for people with refugee backgrounds. *International journal for advancement of counselling*, 39, 99-11. Doi: 10.1007/s10447-017-9285-z.

Agodzo, D. (2014). *Six Approaches to Understanding National Cultures: An Overview of Hofstede's Dimensional Paradigm*. Spring Arbor University.

Albaret, C. (31 juillet 2020). Les signes cachés du stress post-traumatique. [Vidéo]. YouTube. **https://www.youtube.com/watch?v=JCFM8QUWbeQ**

American Psychological Association. (2017). Multicultural Guidelines: An Ecological Approach to Context, Identity, and Intersectionality. **http://www.apa.org/about/policy/multicultural-guidelines.pdf**

Amin, A. (2012). Stratégies identitaires et stratégies d'acculturation : deux modèles complémentaires. Alterstice, 2(2). 103-116.

Anderson, M.-L., Goodman, J. et Sclossberg, N. K. (2012). *Counseling Adults in Transition: Linking Schlossberg's Theory with Practice in a Diverse World*. Springer Publishing Company. **https://scholarworks.wmich.edu/books/15/**

Arsenault, S. (2021). L'accueil des réfugiés pris en charge par l'État dans les régions du Québec. *Études ethniques au Canada*, 53(2). 1-21.

Arseneault, S. (2020). Mieux comprendre l'accueil des réfugiés pris en charge par l'État dans les régions du Québec à travers le regard des intervenants qui les accompagnent. Ediqscope, (14).

Arthur, N. (2021). Orientation professionnelle axée sur la culture : lier la culture et la justice sociale aux pratiques relatives à la carrière. Dans Arthur, A., Borgen, R. et McMahon, M. (2021). *Théories et modèles orientés sur la carrière : des idées pour la pratique* (pp. 25-38). CERIC.

Arthur, N. (2017). Constructivist approaches to career counseling: A culture-infused approach. Dans M. McMahon. (Ed.). Career counseling: Constructivist approaches (2e ed., pp. 54-64). Routledge.

Arthur, N. (2014). Social justice and career guidance in the age of talent. *International journal for educational and vocational guidance*, 14(3), 47-60.

Arthur, N. et Collins, S. (2017). Culture-infused counsellor supervision. Dans N. Pelling, A. Moir-Bussy, & P. Armstrong (dirs.), *The practice of clinical supervision* (2e éd., pp. 267-295). Australian Academic Press.

Arthur, N. et Collins, S. (2014). Counsellors, Counselling, and Social Justice: The Professional is Political. *Canadian Journal of Counselling and Psychotherapy*, 48(3), 171-177. https://cjc-rcc.ucalgary.ca/article/view/61030/46310

Arthur, N. et Januszkowski, T. (2001). The multicultural counselling competencies of canadian counsellors. *Canadian journal of counselling*, 35(1), 36-48.

Arthur, N., McMahon, M., Abkherz, P. et Woodend, J. (2023). Beyond job placement careers for refugees. *International Journal of Educational and Vocational Guidance*. https://doi.org/10.1007/s10775-023-09579-x

Association canadienne pour la santé mentale. (2003). *Le coffre à outils*. https://santementaleca.com/docs/cnsm/03_coffre_outils.pdf

Bajoit, G. (1999). Notes sur la construction de l'identité personnelle. *Recherches sociologiques*, 30, 69-84.

Beaulieu, C. (2019). *L'exclusion sociale vécue par des réfugiés de l'Afrique subsaharienne à Québec et les effets sur leurs conditions de vie et leur santé* [Mémoire, Université Laval].

Béji, K. et Pellerin, A. (2010). Intégration socioprofessionnelle des immigrants récents au Québec : le rôle de l'information et des réseaux sociaux. *Relations industrielles / Industrial Relations*, 65(4), 562–583. https://doi.org/10.7202/045586ar

Bélisle, R. et Bourdon, S. (dir.) (2015). *Tous ces chemins qui mènent à un premier diplôme. Orientation des adultes sans diplôme dans une perspective d'apprentissage tout au long de la vie.* Rapport de recherche préparé dans le cadre d'une Action concertée MELS, MESS et FRQSC. Centre d'études et de recherches sur les transitions et l'apprentissage (CÉRTA) et Fonds de recherche du Québec – Société et culture (FRQSC).

Benoit, M. et Rondeau, L. (2022). *Intervenir auprès de personnes réfugiées ayant vécu de la violence : le groupe comme espace transculturel*. Ordre des psychologues du Québec. Consulté le 12 juin 2023 sur https://www.ordrepsy.qc.ca/-/intervenir-personnes-refugiees-groupe-espace-transculturel

Berry, J.W. (2001). A psychology of Immigration. *Journal of social issues*, 57(3), 615-631.

Berry, J.W. (2000). Acculturation et identité. Dans J. Costa-Lascoux, M. A. Hily et G. Vermès (dir.), Pluralité des cultures et dynamiques identitaires : Hommage à Carmel Camilleri (p. 81-94). L'Harmattan.

Berry, J.W. et Hou, F. (2021) Acculturation et bien-être des immigrants à travers les générations et les contextes d'établissement au Canada, *International Review of Psychiatry*, 33(1-2), 140-153, DOI : 10.1080/09540261.2020.1750801

Berry, J.W. et Sam, D. (1997). Acculturation and adaptation. Dans J. W., Berry, M. H. Segall et Ç. Kagitçibasi (dir.), Handbook of cross-cultural psychology (vol. 3) (p. 291-326). Allyn et Bacon.

Besson, D. et Valitova, A. (2021). Relations interpersonnelles versus facteurs culturels. Cadre théorique et comparaison de l'impact des valeurs culturelles dans trois cas de conflits en France, Canada et Russie. *Management international / International Management / Gestiòn Internacional*, 25(5), 18–36. **https://doi.org/10.7202/1085036ar**

Bigras, N., Godbout, N., Hébert, M., Runtz, M., et Daspe, M.-È. (2015). Identity and Relatedness as Mediators between Child Emotional Abuse and Adult Dyadic Adjustment in Women. *Child Abuse et Neglect*, 50(déc), 85-93. **https://doi.org/10.1016/j.chiabu.2015.07.009**

Bilge, S. (2010). De l'analogie à l'articulation : théoriser la différentiation sociale et l'inégalité complexe. *L'Homme et la société*, 2-3(176-177), 43-64. **https://www.cairn.info/revue-l-homme-et-la-societe-2010-2-page-43.htm**

Bimrose, J. et McNair, S. (2011). Career support for migrants: transformation or adaptation? *Journal of vocational behavior*, 78(2011) 325-333. Doi: 10.1016/j.jvb.2011.03.012.

Bordin, E. S. (1979). The generalizability of the psychoanalytic concept of the working alliance. *Psychotherapy: Theorie, research and practice*, 16(3), 252-260.

Bronfenbrenner, U. (1976). The experimental ecology of education. *Educational Researcher*, 5(9), 5-15.

Bronfenbrenner U. (1979). *The ecology of human development: Experiments by nature anddesign*. Harvard University Press.

Bronfenbrenner U. (2004). *Making human being human. Bioecological perspectives on human development*. Sage Publications

Brown, D. (2007). *Career information, career counseling, and career development* (9th ed.). Allyn et Bacon.

Brunel, M.-L. (1989). L'empathie en counseling interculturel. *Santé mentale au Québec*, 14(1), 81–94. **https://doi.org/10.7202/031490ar.**

Camilleri, C. (1990). Identité et gestion de la disparité culturelle : Essai d'une typologie. Dans C. Camilleri, J. Kastersztein, E. Lipianski, H. Malewska-Peyre, I. Taboada-Léonetti et A. Vasquez (dir.), *Stratégies identitaires* (p. 85-110). PUF.

Camilleri, C. (1990). *Stratégies identitaires*. PUF.

Castro Zavala, S. (2013). Politiques d'immigration: femmes et violence conjugale dans le contexte québécois. *Violence conjugale et diversité culturelle*, 3(2) 97-109. **https://doi.org/10.7202/1077524ar**

Cedefop (2014). *Valuing diversity: guidance for labour market integration of migrants.* Publications Office of the European Union. Cedefop working paper; No 24.

Chen, A., Panter-Brick, C., Hadfield, K., Dajani, R., Hamoudi, A. and Sheridan, M. (2019). Minds under siege: cognitive signatures of poverty and trauma in refugee and non-refugee adolescents. *Child development, 90*(6), 1856-1865. **https://doi,10.1111/cdev.13320**

Clerc, I. (2019). Quelles règles d'écriture se donner pour communiquer avec l'ensemble des citoyens du Québec ?. *Éla. Études de linguistique appliquée,* 195, 305-324. **https://doi.org/10.3917/ela.195.0305**

Clayton, P. (2006). Blank slates or hidden treasure? Assessing and building on the experiential learning of migrant and refugee women in European countries. *International Journal of Lifelong Education,* 24(3), 227-242. Doi: 10.1080/02601370500134917

Cohen-Emerique, M. (2015). 6. Les ethnocentrismes et leurs origines : enculturation, socialisation et professionnalisation. Dans M. Cohen-Emerique (dir.), *Pour une approche interculturelle en travail social : Théories et pratiques* (pp. 103-122). Presses de l'EHESP.

Cohen-Émerique, M. (2013). Étude des pratiques des travailleurs sociaux en situations interculturelles : Une alternance entre recherches théoriques et pratiques de formation. Quels modèles de recherche scientifique en Travail Social, (p. 233- 260), Les Presses de l'EHESP.

Cohen Emerique, M. (2007). L'approche interculturelle dans le travail auprès des migrants. *Formazione interculturale: teoria e pratica. Translated from Italian.* Unicopli. *Consulté le 1er février 2021 sur* **http://www.cohen-emerique.fr/medias/files/cohen-emerique-2007-chapitre-l-approche-interculturelle-aipres-migrants.pdf.**

Cohen-Émérique, M. (1993). L'approche interculturelle dans le processus d'aide. *Santé mentale au Québec,* 18(1), 71-91. **https://doi.org/10.7202/032248ar**

Collin-Vézina, D. (2016). *Enfants et adolescents victimes de multiples traumatismes : comprendre la problématique pour mieux intervenir.* Formation Porte-Voix. Centre de recherche sur l'enfance et la famille.

Conseil canadien pour les réfugiés. (2023). *Information de base sur les réfugiés.* **https://ccrweb.ca/fr/information-base-sur-refugies.** Consulté le 24 mai 2023.

Conseil de l'information sur le marché du travail (CIMT). (2020). *Qu'est-ce que l'IMT.* **https://www.youtube.com/watch?v=8f-pEu1sPJwett=2s**

Conseil supérieur de l'éducation. (2021). *L'inclusion des familles immigrantes : pour une synergie accrue en éducation des adultes.* Le Conseil, 233 p. **https://www.cse.gouv.qc.ca/publications/inclusion-familles-immigrantes-50-0542/**

Delory-Momberger, C. and Mbiatong, J. (2011). Nouvelles pratiques d'accompagnement dans les chantiers d'insertion et co-construction des savoirs d'action entre praticiens et chercheurs. *L'Orientation scolaire et professionnelle*, 40(4) [en ligne] **https://doi.org/10.4000/osp.** 3628

Dezutter, O., Babin, J. et Lépine, M. (2018). *Des communautés engagées pour la littératie*. Collectif CLÉ.

Dionne, P., Dupuis, A. et Saussez, F. (2022a). Intégration sociale et professionnelle de personnes réfugiées : la fonction des instruments conceptuels transmis dans un groupe de counseling de carrière. *Diversité urbaine*.

Dionne, P. Joncas, J-A. et Charrette, J. (2022b). Pratiques de soutien au cours d'un groupe d'intégration sociale et professionnelle : retombées sur les capabilités de personnes réfugiées dans leur parcours d'apprentissages. *Nouveaux Cahiers de la recherche en éducation*, 24(1), 87-110. **https://doi.org/10.7202/1095696ar**

Dionne, P., Simard, A., Bourdon, S., Supeno, E. et Girardin, V. (2020). *Guide d'animation de groupes d'orientation S'Orienter*. Sherbrooke: Centre d'études et de recherches sur les transitions et l'apprentissage (CÉRTA)

Doray, P., Lépine, A. et Bilodeau, J. (2020). L'orientation scolaire sous l'emprise des rapports sociaux de sexe. La situation de l'enseignement postsecondaire au Québec. *L'orientation scolaire et professionnelle*, 49(2), 225-256. **https://doi.org/10.4000/osp.** 11962

Dubé, E. (2014). *Réseaux sociaux chez les réfugiés bhoutanais à Québec. Une question de langue et de malentendus interculturels* [Mémoire, Université Laval].

Dupont, P., Gingras, M. et Tétreau, B. (2018). *Inventaire visuel d'intérêts professionnels (IVIP)*. Société GRICS.

El-Awad, U., Fathi. A., Lohaus, A. Petermann, F. et Reinelt, T. (2022). Difference relations of religion and mental health. *European Journal of Health Psychology*, 29(1), 26-37. **https://doi.org/10.1027/2512-8442/a000100**

Fleury, C. et Luc, S. (2022). Insertion socio-économique de jeunes Québécois admis au Canada durant l'enfance en tant que réfugiés. *Hommes et Migrations*, janvier-mars 2022(1336), 43-52.

Flores, L.Y. (2009). Empowering life choice: career counseling in the context of race and class. Dans N.C. Gysbers, M.J., Heppner et J.A. Johnston (dir.) (p. 49-74), *Career counseling : contexts, processes and techniques*. Allyn & Bacon.

Fouad, N.A. et Bryars-Winston, A. M. (2005). Cultural context of career choice: meta-analysis of race-ethnicity differences. *The career development quarterly*, 53(March 2005), 223-233.

Froundfelker, R.L., Mishra, T., Carroll, A., Brennan, R.T., Gautam, B., Abdullahi Alas Ali, E. et Betancourt, T. S. (2021). Past trauma, resettlement stress, and mental health of older Bhutanese with a refugee life experience. *Aging et Mental health*. Doi: 10.1080/13607863.2021.1963947

Gagné P. P., Leblanc, N., Rousseau A., et Lussier, F. (2009). *Apprendre... une question de stratégies : développer les habiletés liées aux fonctions exécutives* (Ser. Chenelière/didactique. apprentissage). Chenelière éducation.

Gibbons, M. M., Brown, E. C., Daniels, S., Rosecrance, P., Hardin, E. E. et Farrell. I. (2019). Building on strengths while addressing barriers: career interventions in rural Appalachian communities. *Journal of career development*, 46(6), 637-650. Doi: 10.1177/0894845319827652

Giguère, É., St-Arnaud, L., Bilodeau, K. (2020). Travail invisible et rapports sociaux de sexe lors des parcours d'insertion socioprofessionnelle des femmes cadres. *L'orientation scolaire et professionnelle*, 49 (2), 281-312.

Godbout, N., Milot, T., Collin-Vézina, D., et Girard, M. (2018). Répercussions du trauma complexe. Dans Milot, T., Godbout, N., et Collin-Vézina, D. (Éds), *Le trauma complexe : Comprendre, évaluer et intervenir*. Presses de l'Université du Québec.

Gonzalez, J., Barden, S. M. et Sharp, J. (2018). Multicultural competence and the working alliance as predictors of client outcomes. *The professional counselor*, 8(4), 314-327. Doi: 10.15241/jg.8.4.314

Goyer, L. (2005). Intervenir en situation interculturelle : exigences multipliées en orientation. En pratique, 3(juin), 12-14.

Goyer, L. (2003). Dynamiques interculturelles en espace carriérologique : défis posés à la profession des conseillères et conseillers en orientation. Thèse de doctorat. UQÀM: Montréal. 245 p.

Goyer, L. (en cours). *Processus d'intervention en orientation et situations interculturelles*. Québec : ADACO.

Grochtdreis, T., König, HH., Riedel-Heller, S.G. et al. (2022). Health-Related Quality of Life of Asylum Seekers and Refugees in Germany: a Cross-Sectional Study with Data from the German Socio-Economic Panel. *Applied Research Quality Life* 17, 109–127. **https://doi.org/10.1007/s11482-020-09877-4**

Guay-Charrette, A. (2010). *L'accès au logement par les nouveaux arrivants à Montréal : le cas des réfugiés et demandeurs d'asile en provenance d'Afrique subsaharienne* [Mémoire, UQAM].

Guichard, J. et Huteau, M. (2005). *Orientation et insertion professionnelle*. Dunod.

Guichard, J. et Huteau, M. (2007). *Orientation et insertion professionnelle. 75 concepts clés*. Dunod.

Hattie, J. A., Brodeur, M., Brodeur, M., St-Cyr, C., St-Cyr, C., et Hattie, J. (2017). *L'apprentissage visible pour les enseignants : connaître son impact pour maximiser le rendement des élèves* (Ser. Éducation-intervention, 43). Presses de l'Université du Québec.

Hall, E.T. (1976) Beyond culture, Doubleday, New York ; Trad. française : 1979, Au-delà de la culture, Seuil.

Hall, E.T., Hall, M.R. (1990), *Understanding cultural differences — Germans, French and Americans.* Intercultural Press, inc.

Hall, E. T. (1984). Monochronic and Polychronic Time. *In The dance of life: The other dimension of time* (pp. 44–58). Anchor Press/Doubleday.

Hall, E. T., et Hatchuel M.-H. (1987). *Au-delà de la culture* (Ser. Points, 191). Éditions du Seuil.

Hall, E. T., Petita A., et Choay F. (2014). *La dimension cachée* (Ser. Points. Essais, 89). Éditions Points.

Hanley, J., Mhamied, A. A., Cleveland, J., Hajjar, O., Hassan, G., Ives, N., Khyar, R. et Hynie, M. (2018). The social networks, social support and social capital of Syrian refugees privately sponsored to settle in Montreal: indications for employment and housing during their early experiences of integration. *Canadian ethnic studies, 50*(2), 123-149. Doi: 10.1353/ces.2018.0018

Hofstede, G. Hofstede, G.J. et Minkov, M., (2010). *Cultures et Organizations: Software of the mind* (3e éd.). McGraw-Hill Professional.

Hofstede, G. (2011). Dimensionalizing Cultures: The Hofstede Model in Context. *Online Readings in Psychology and Culture, 2*(1). **https://doi.org/10.9707/2307-0919.1014**

Hofstede, G. (1994). The business of international business is culture. *International Business Review, 3*(1), 1-14.

Horvath, A. O. (2001). The Alliance. *Psychotherapy, 38*(4), 365-372.

Houdé, O. (2014). *Le raisonnement.* Presses Universitaires de France

Institut de recherche et éducation sur les mouvements sociaux. (2017). Oppositions à l'intersectionnalité : malentendus ou résistances ? *Revue De(s)générations,* (28).

Joly, M.-P. (2019). The Employment and Occupational Status of Migrants from Countries Experiencing Armed Conflict. *Journal of international migration and integration,* (20), 1071-1095. **https//doi.org/10.1007/s12134-018-00642-z**

Kilani, M. (2014). Chapitre 14. L'ethnocentrisme du discours anthropologique. Pour un universalisme critique. Dans M. Kilani (dir.), *Pour un universalisme critique : Essai d'anthropologie du contemporain* (pp. 286-295). La Découverte.

Kirmayer, L. J. (2002). *Le dilemme du réfugié. L'évolution Psychiatrique,* 67(4), 743–763. https://doi.org/10.1016/S0014-3855(02)00167-6

Krammer, S., Kleim, B., Simmen-Janevska, K., et Maercker, A. (2016). Childhood trauma and complex posttraumatic stress disorder symptoms in older adults: a study of direct effects and social-interpersonal factors as potential mediators. *Journal of Trauma et Dissociation: The Official Journal of the International Society for the Study of Dissociation (Issd),* 17(5), 593–607.

Laberge, C. (2020). Effets d'une séquence de prise de conscience des processus d'écoute menée auprès de personnes peu scolarisées ou peu alphabétisées apprenant le français [Mémoire de maitrise, Université Laval].

L'Agence des Nations Unies pour les réfugiés. (2023). Asile et migration. Consulté le 5 mai 2023 sur https://www.unhcr.org/fr/asile-et-migration.html

Lamar, M.R. Frobes, L. K. Capasso, L.A. (2019) Helping working mothers face challenges of an intensive mothering culture. *Journal of mental health counseling,* 4(3), 203-220.

Lambert, E. (2014). *La régionalisation de l'immigration : le cas des réfugiés colombiens installés dans les régions du Québec* [Mémoire, Université du Québec à Montréal].

Lavoie, N., Lévesque, J.-Y. et Aubin-Horth, S. (2008). Le retour en formation chez les adultes peu scolarisés : un faisceau d'obstacle. *Éducation et sociétés,* 2(22), 161-178. Doi : 10.3917/es.022.0161.

Lazarus, R. S. and Folkman, S. (1984). *Stress, appraisal and coping.* Spiringer Publishing Company.

Le Bossé, Y. (2016). *Soutenir sans prescrire.* Éditions ARDIS.

Lin, S., Kobayashi, K., Tong, H., Davison, K.M., Arora, S.R.A. et Fuller-Thomson, E. (2020). Close relations matter: the association between depression and refugee status in the Canadian longitudinal study on aging (CLSA). *Journal of immigrant and minority health,* 22, 946-946. Doi: 10.1007/s10903-020-00980-0

Lo Coco, G., Gullo, S., Albano, G., Brugnera, A., Flückiger, C., et Tasca, G. A. (2022). The alliance-outcome association in group interventions: A multilevel meta-analysis. *Journal of Consulting and Clinical Psychology,* 90(6), 513–527. https://doi.org/10.1037/ccp0000735

Ma, C. (2022) "Ethnocentrisme". *L'Encyclopédie Canadienne, Historica Canada.* www.thecanadianencyclopedia.ca/fr/article/ethnocentrisme. Consulté le 18 novembre 2022.

Marchioni, R. (2016). La réunification familiale : un enjeu essentiel. *Droits et libertés,* 35(1), p. 21-25.

Massengale, M., Shebuski, K.M., Karaga, S., Choe, E., Hong, J., Hunter, T.L. et Dispenza, F. (2020). Psychology of working theory with refugee persons: applications for career counseling. *Journal of career development*, 47(5), 562-605. Doi: 10.1177/0894845319832670.

Massoudi, K., Masdonati, J., Clot-Siegrist, E., Franz, S., et Rossier, J. (2008). Évaluation des effets du counseling d'orientation : influence de l'alliance de travail et des caractéristiques individuelles. *Pratiques Psychologiques*, 14(2), 117-136. **https://doi.org/10.1016/j.prps.2007.11.010**

May, P. (2022). Le Canada : pays de « l'immigration choisie » ? *Hommes et Migrations, janvier-mars* 2022(1336), 196-203.

Michaud, G. (2003). *Étude du transfert des apprentissages dans le cadre des démarches de counseling d'orientation.* [Thèse de doctorat, Université de Sherbrooke]. **https://savoirs.usherbrooke.ca/handle/11143/911**

Michaud, G., Bélisle, R., Garon, S., Bourdon, S. et Dionne, P. (2012). *Développement d'une approche visant à mobiliser la clientèle dite éloignée du marché du travail.* Rapport final de la recherche déposé au Ministère de l'Emploi et de la Solidarité sociale (MESS). Sherbrooke : Centre d'études et de recherches sur les transitions et l'apprentissage (CÉRTA).

Milot-Lapointe, F., Le Corff, Y. et Arifoulline, N. (2021). A meta-analytic investigation of the association between working alliance and outcomes of individual career counseling. *Journal of career assessment*, 29(3), 486-501. Doi: 10.1177/1069072720985037

Ministère de l'Éducation, du Loisir et du Sport. (2005). *Reconnaissance des acquis et des compétences en formation professionnelle et technique. Cadre général – Cadre technique.* Gouvernement du Québec. **https://cdn-contenu.quebec.ca/cdn-contenu/adm/min/education/publications-adm/education/ SARCA/RAC-cadre-general-fp-tech.pdf**

Moisan, M. (2020). Le téléphone de Mamadou sonne moins, *Le Soleil.* Consulté le 15 mars 2022 sur **https://www.lesoleil.com/2020/06/02/le-telephone-de-mamadou-sonne-moins-289a4a18da64764813071d0dc57a0ff4?nor=true**

Montminy, N. et Duval, S. (2022). Question de l'heure : Comment observer et soutenir les fonctions exécutives en contexte éducatif ? *La foucade*, 23(1), 15-17.

Mouillet, M.-C. et Barberet, D. (2005). *Le projet sans plume.* Éditions Qui plus est.

Ordre des conseillers et conseillères d'orientation du Québec (OCCOQ). (2010). *Guide d'évaluation en orientation.* **https://www.orientation.qc.ca/medias/iw/Le-Guide-d-evaluation-en-orientation.pdf**

Olry-Louis, I. (2020). Introduction au numéro thématique « Migrations internationales et orientation », *L'orientation scolaire et professionnelle [En ligne]*, 49(3), mis en ligne le 10 septembre 2020. **https://doi.org/10.4000/osp**. 12366

Oral History Association. (2009). *Principles and Best Practices.* Consulté le 12 juin 2023 sur
https://www.oralhistory.org/about/principles-and-practices-revised-2009/#best

Parkes, C. M. (1971). Psycho-social transitions: A field for study. *Social Science and Medicine, 5,* 101-115.

Parkes, C. M. (1975). Psycho-social transitions: Comparison between reactions to loss of a limb and loss of a spouse. *The British Journal of Psychiatry, 127,* 204-210. https://doi.org/10.1192/bjp.127.3.204

Perdrix, S. (2013). *Efficacité du counseling d'orientation : impacts de l'alliance de travail et du contexte psychosocial.* Université de Lausanne.

Pocreau, J.-P. and Borges, L. M. (2006). Reconnaitre la différence: le défi de l'ethnopsychiatrie. *Santé mentale au Québec, 31*(2), 43-56. https://doi.org/10.7202.014802ar

Prévost, C. (2021). *Parcours d'apprentissage du français de réfugiés d'origine bhoutanaise dans la ville de Québec : Influences des mobilités, des apprentissages et des dynamiques familiales* [Thèse, Université Laval].

Regroupement québécois des organismes pour le développement de l'employabilité (RQuODE). (2016). *Guide de référence pour les conseillers en développement de carrière intervenant auprès de la clientèle inuite.* CERIC et l'Administration régionale Kativik.
https://ceric.ca/fr/publications/guide-de-reference-pour-les-conseillers-en-developpement-de-carriere-intervenant-aupres-de-la-clientele-inuit/

Rey, L., Affodégon, W., Viens, I., Fathallah, H. et Araux, M. J. (2019). La méthode photovoix. Dans V. Ridde et C. Dagenais (Dirs.). *Évaluation des interventions de santé mondiale.* Éditions science et bien commun et IRD Éditions. https://scienceetbiencommun.pressbooks.pub/evalsantemondiale/

Richard, V. et Bombardier, A. (9 décembre 2020). *Parcours migratoire des demandeurs d'asile et des réfugiés: un outil d'évaluation et d'intervention incontournable* [Conférence]. Webinaire CERDA, En ligne.
https://cerda.info/parcours-pre-peri-post-migratoire-dune-personne-en-demande-dasile-vignette-clinique/

Rive, J. et Roger, A. (2014). La communication interculturelle. Dans U. Mayrhofer (dir.) *Les Grands auteurs en management international* (pp. 375-390). EMS Editions.

Robert, V. (2021). *Le parcours tech des personnes réfugiées, du départ à la stabilité.* Techfugees. Consulté le 19 octobre 2022 sur : https://techfugees.com/fr/all_news/le-parcours-tech-des-personnes-refugiees-du-depart-a-la-stabilite-retranscription-podcast-%F0%9F%8E%A7/

Robertson, P. J. et Picard, F. (2021). An introduction to the special section on the Capability Approach to career guidance. *International Journal Educational Vocational Guidance, 21,* 395–404.
https://doi.org/10.1007/s10775-021-09462-7

Roesti, C. (2019). La transition professionnelle de personnes réfugiées. Le cas de bénéficiaire d'une structure d'accompagnement vers l'insertion professionnelle [Mémoire de master, Université de Neuchâtel]. *Dossiers de psychologie et éducation*, (75), 81 pages.

Rousseau C. (2000). Les réfugiés à notre porte : violence organisée et souffrance sociale. *Criminologie*, 33(1), 185–201.

Rousseau, G. G. et Venter, D. J. L. (2009). Investigating the importance of factors related to career choice. *Management dynamics*, 18(3), 2-14.

Sabatier, C. et Berry, J. (1994). Immigration et acculturation. Dans R. Y. Bourhis et J.-Ph. Leyens (dir.), *Stéréotypes, discrimination et relation intergroupes* (p. 261-291). Mardaga.

Salamanca, C. M. (2016). Agences de placement et de recrutement, travail immigrant et précarité à Montréal. Dans D'Aoust, A.-M. et Reyes Bruneau, V. A. (2016). *Les Cahiers du CRIEC 39. Immigration, diversité ethnoculturelle et citoyenneté.* (pp. 100-118). Université du Québec à Montréal.

Salhi, C. Scoglio, A.A.J., Ellis, H., Issa, O. et Lincoln, A. (2020). The relationship of pre- and post-resettlement violence exposure to mental health amond refugees: a multi-site panel survey of Somalis in the US and Canada. *Social psychiatry and psychiatric epidemiology*, 56, 1015-1023. https://doi.org/10.1007/s00127-020-02010-8

Savard, R., Michaud, G., Bilodeau, C., et Arseneau, S. (2007). L'effet de l'information sur le marché du travail dans le processus décisionnel relatif au choix de carrière. *Canadian Journal of Counselling and Psychotherapy, 41(3)*. https://cjc-rcc.ucalgary.ca/article/view/58817

Schlossberg, N. K. (2005). Aider les consultants à faire face aux transitions : Le cas particulier des non-évènements. *L'orientation scolaire et professionnelle*, 34, 85-101. https://doi.org/10.4000/osp. 345

Schlossberg, N. K., Waters, E. B., et Goodman, J. (1995). Counseling adults in transition: Linking practice with theory (2e éd). Springer Publishing Co.

Scoglio, A.A.J. et Salhi, C. (2021). Violence exposure and mental health among resettled refugees: A systematic review. *Trauma, Violence et Abuse, 22(5)*, p. 1192-1208. Doi: 10.1177/1524838020915584

Sen, A. (2010). *L'idée de justice*. Flammarion.

Seufert, P. (1999). Refugees as english language learners: issues and concerns. *National clearinghouse for ESL literacy education*, Septembre 1999, 1-6.

Shanouda, F. et Yoshida, K. K. (2012). *Disability Oral History Toolkit.* The Centre for Independent Living in Toronto (CILT) Inc. and the Department of Physical Therapy at the University of Toronto. https://www.cilt.ca/cilt-resources/our-histories/

Sue, D. W. et Sue, D. (2015). *Counseling the Culturally Diverse: Theory and Practice*. Wiley.

Supeno, E., Dionne, P., Viviers, S. et Rivard, L. (2020). L'advocacie sociale et professionnelle dans les professions en santé mentale et relations humaines : un tour d'horizon (1ère partie). *L'Orientation*, 10(1), 28-34.

Supeno, E., Chabot, J. Dionne, P. et Viviers, S. (2023, 7 juin). *Des compétences en advocacie sociale et professionnelle propres à la pratique professionnelle des personnes conseillères d'orientation: composantes, attentes et avenue de réflexion* [Conférence]. Colloque de l'Ordre des conseillers et conseillères d'orientation du Québec (OCCOQ)

Supeno, E. et Mongeau, V. (2015). Horizon informationnel sur la formation et le travail chez les jeunes adultes non diplômés en situation de précarité. *Nouveaux cahiers de la recherche en éducation*, 18(1), 114-136. **https://doi.org/10.7202/1033732ar**

Udayar, S., Fedrigo, L., Durante, F., Clot-Siegrist, E. et Masdonati, J. (2020). Labour market integration of young refugees and asylum seekers: a look at perceived barriers and resources. *British journal of guidance et counseling*, 49(2), 287-303. **https://doi.org/10.1080/03069885.2020.1858023**

Université de Sherbrooke. (n.d.) *Les Biais inconscients*. **https://www.usherbrooke.ca/edi/fileadmin/sites/edi/Feuillet_final.pdf**.

Van der Kolk, B. A. (2015). *The body keeps the score: Brain, mind, and body in the healing of trauma*. Penguin Books.

Van Dijke, A., Hopman, J. A. B., et Ford, J. D. (2018). Affect dysregulation, psychoform dissociation, and adult relational fears mediate the relationship between childhood trauma and complex posttraumatic stress disorder independent of the symptoms of borderline personality disorder. *European Journal of Psychotraumatology*, 9(1), 1400878–1400878.

Vatz Laaroussi, M., Guilbert, L., Rachédi, L., Kanouté, F., Ansòn, L., Canales, T., León Correal, A., Presseau, A., Thiaw, M. L. et Zivanovic Sarenac, J. (2012). De la transmission à la construction des savoirs et des pratiques dans les relations intergénérationnelles de femmes réfugiées au Québec. *Nouvelles pratiques sociales*, 25(1), 136–156. **https://doi.org/10.7202/1017387ar**

Vespia, K. M., Fitzpatrick, M. E., Fouad, N. A., Kantamneni, N. et Chen, Y.-L. (2010). Multicultural career counseling: a national survey of competencies and practives. *The career development quarterly*, 59(sept. 2010), 54-71.

Vonnahme, L.A., Lankau, E.W., Ao, T., Shetty, S. et Cardozo. B. L. (2015). Factors Associated with Symptoms of Depression Among Bhutanese Refugees in the United States. *Journal of Immigrant Minority Health*, 17, 1705–1714. **https://doi.org/10.1007/s10903-014-0120-x**

Whiston, S. C., Rossier, J. et Hernandez Baron, P. M. (2016). The working alliance in career counseling: a systematic overview. *Journal of Career Assessment, 24*(4), 591-604. Doi: 10.1177/1069072715615849

Wilkinson, M. (2003). Undoing trauma: contemporary neuroscience: a jungian clinical perspective. *Journal of Analytical Psychology, 48*(2), 235–253. **https://doi.org/10.1111/1465-5922.t01-1-00008**

Zalaquett, C.P. et Chambers, L.A. (2019) Counseling individuals living in poverty. *Journal of multicultural counseling and development, 45,* 152-161.